Dictionnaire du politiquement correct
à la française

Philippe de Villiers

DICTIONNAIRE DU POLITIQUEMENT CORRECT
à la française

Albin Michel

© Éditions Albin Michel, S.A., 1996
22, rue Huyghens, 75014 Paris

ISBN 2-226-08555-6

À Alexandre Soljenitsyne.

La bataille des mots
est la bataille de l'avenir.

I

MODE D'EMPLOI

La jeune femme, qui se présente comme professeur d'histoire, se plante devant Alexandre Soljenitsyne et, sans autre forme de préambule, l'interpelle en russe :

« De quoi a donc besoin notre époque ? de lucidité ou de courage ?

– Non... d'un *dictionnaire*. »

Le voyageur des Lucs-sur-Boulogne, en cette soirée du 24 septembre 1993, repensait sans doute aux questions des intellectuels français sur son séjour en Vendée, à l'émission « Apostrophes » où on lui avait expliqué qu'il n'était pas opportun, pour son image, pas très convenable pour lui, pas très correct, d'aller célébrer en Vendée ce qu'il avait osé appeler une « résistance populaire », mais qui portait, à Paris, un tout autre nom dans les cénacles de l'histoire officielle.

Sans doute repensait-il aussi à son exil en Amérique, où règne désormais cette police de la pensée qu'on appelle là-bas la *political correctness*, et qui est un terrorisme intellectuel sur le mode mineur.

13

Alexandre Soljenitsyne se souvient de ces moments-là où il a été parfois vilipendé après son fameux discours de Harvard. Il sait, mieux que quiconque, que les mots sont des balles traçantes, qu'on peut tuer quelqu'un à bout portant. Il a payé pour le savoir.

Il sait qu'avec une formule chantournée et qui flatte l'émotion de l'instant, on peut effacer un crime dans l'effusion. Il sait qu'on peut tricher avec le langage. Que les batailles d'idées sont des batailles de mots. Il sait que l'imposture ne se définit pas comme une suite de contre-vérités, mais comme une suite de vérités ordonnées à un mensonge initial. Il sait qu'au nom de la tolérance, on peut bâillonner. Qu'au nom de l'exclusion, on peut exclure ; et qu'on peut s'adosser à la souffrance pour faire souffrir.

Il a vu le communisme s'installer au nom de la Justice, et, pour le bien des hommes, inventer une nouvelle psychiatrie que personne n'était en mesure d'identifier comme un univers concentrationnaire, jusqu'à ce que le mot « goulag » fût inventé par le plus célèbre prisonnier du monde.

Il a observé les tourelles des chars soviétiques qui tournaient au vent, faisant fleurir vers l'Ouest crédule l'expression de « pays frères » au moment où leurs chenilles de feu écrasaient la génération Jan Palach.

Il a entendu le « mentir vrai » des dictateurs et des bourreaux qui, déroulant leurs barbelés et faisant siffler les balles pour tromper le silence, appelaient les aveux « confidences », et disposaient des miradors autour des rideaux de fer où flottaient aux aimables vents d'ouest des banderoles initiatiques : « Ici commencent les démocraties populaires... »

Personne au monde, aujourd'hui, ne peut plus tromper le maître avec des mots. Il connaît l'histoire des hommes, il connaît les pièges des discours-fleuves et des filouteries sémantiques qui bercent les humeurs des masses.

S'il est inquiet pour l'avenir, l'avenir de l'Europe, c'est qu'il voit bien que les mots flambent, que les mots ne suivent plus une carrière normale. Ils sont gonflés aux anabolisants de la société médiatique. Ils prennent du volume à mesure qu'ils perdent leur sens. On ne les serre plus de près. On perd le goût de leur précision ; on perd le sens de leur projet.

À partir de là, tous les pièges sont tendus par les charlatans de la sémiotique, qui vendent du bonheur et de la compassion à une société en émoi, orpheline de dialectique et de vérité. Notre époque est satellisée par l'image, sustentée par l'émotion, transportée par l'affectivité. On a substitué la sentimentalité aux idées, dans ce que François Furet a justement appelé un « universalisme superficiel ». Et nous voilà dans l'effusion et le malheur.

D'où nous vient cette dépression profonde nimbée d'optimisme planétaire ? Des États-Unis, le pays du *politically correct*. Être « politiquement correct » en Amérique, c'est respecter un code, un lexique, un système de signes imposé par des intellectuels « libéraux ». En France on dirait « progressistes ». Ce code permet, en principe, de poser les pieds sur les bons plots pour avancer correctement sans prendre le risque de sauter sur une mine. Il existe des mots à prononcer et des expressions à bannir, des jeux de mots à éviter et des sentiers douteux où il ne fait pas bon laisser traîner son imagination.

Si vous êtes correct, vous serez promu, choyé, reconnu. Si vous êtes incorrect, vous serez jeté aux chiens, désigné à la vindicte, traduit en justice. Chacun se laisse intimider, jusqu'aux tièdes et aux indifférents. Ce n'est pas seulement un mouvement d'humeur ou un mouvement d'idées, c'est aussi un état du Droit, un corps de lois nouvelles, avec des gardes-chiourme médiatiques qui veillent au grain.

Cette chape de plomb a été peu à peu disposée sur l'Amérique par ceux qui ont mené bataille pour les quotas censés imposer les droits des femmes, des Noirs, des homosexuels, jusqu'à faire subir une véritable tyrannie des minorités — sexuelles, ethniques ou associatives — à la majorité silencieuse aujourd'hui désarmée par la Loi. Il existe chez nous, installé insidieusement depuis quelques années, un « politiquement correct à la française » dont je veux dénoncer et démonter les mécanismes, ouvrir chaque piège, écarter les bras refermés de chaque étau, mettre à nu le totalitarisme mou qui, peu à peu, nous contraint et finalement nous paralyse.

16

J'ai pris la décision d'écrire ce livre pendant la campagne présidentielle. En effet, la confrontation des idées n'a pas eu lieu. La société de connivence n'a pas voulu, ou n'a pas su, ouvrir le débat sur les causes de nos malheurs. À chaque émission où il m'était donné de m'exprimer, c'était toujours la même réplique : « Vous n'avez pas l'impression que vous vous trompez de campagne ? » La question européenne était pour moi au cœur du débat, elle était *le cœur* du débat, l'enjeu essentiel de la vie quotidienne des Français. Avec quelques mots clés : chômage, sécurité, Schengen, critères de convergence, monnaie unique, chaos social, souveraineté, identité. Rien n'y a fait. La micro-société de la bien-pensance ne voulait pas de ce débat-là.

Aujourd'hui, avec le recul, il ne faut pas être grand clerc pour constater que nous n'étions pas hors sujet. Et que les autres s'arrangeaient pour ne rien dire.

Le second élément qui m'a frappé, c'est que, après un démarrage prometteur, ma campagne a été littéralement soufflée par celle de Jacques Chirac. Pourquoi ? Parce que le filigrane formel du propos de Jacques Chirac tournait autour d'une critique véhémente et bien calibrée de la pensée unique.

Dès lors, il ne s'agissait plus pour moi, avec quatre candidats à droite, que d'atterrir en bon état. 1 400 000 Français m'ont apporté leurs voix, mais tant d'autres — notamment parmi les 40 000 donateurs de la souscription nationale que j'ai lancée ensuite pour couvrir le déficit de la campagne — ont cru voter utile — le mot prend aujourd'hui toute sa

17

saveur — et sont allés vers le grand contempteur de la pensée unique. Les Français ont élu Jacques Chirac parce qu'il apparaissait comme l'homme qui allait enfin déranger la social-technocratie — cette oligarchie langagière —, leur rendre la parole, leur rendre le pouvoir.

Que s'est-il passé depuis l'élection présidentielle ? Rien. Il n'y a toujours pas de débat. À l'heure où le chômage reprend sa dramatique progression, y compris dans les pays présentés jusqu'ici comme les meilleurs élèves de la classe européenne, les Français se posent de plus en plus ouvertement des questions iconoclastes : pourquoi les remèdes, de droite et de gauche, s'avèrent-ils au mieux inefficaces, au pire contre-productifs ? Comment avons-nous pu nous laisser enfermer dans cette nasse ? Quelles sont les responsabilités de notre système éducatif, de la technocratie bruxelloise, du libre-échangisme mondial ? Pourquoi nous dit-on qu'aucune autre politique n'est possible ?

L'expression de « pensée unique », lancée au beau milieu de la bataille électorale, avait fait mouche. Spontanément, les Français y avaient adhéré, davantage par intuition, peut-être, que par démonstration. Depuis, on a remis la chape de plomb. L'accès au forum est réservé aux vigiles et aux disciples de la pensée unique dont le bras séculier s'étend à tous les domaines de la vie nationale, morale et intellectuelle. C'est ce que je propose d'appeler le « politiquement correct à la française ».

Comment peut-on le définir? Comme un nouveau tour d'esprit, qui, ayant succédé aux idéologies défuntes, prospère et proscrit à partir d'un néo-conformisme intellectuel et d'un système d'intimidation morale. Sur le fond, cette pensée unique s'ordonne autour d'un maître mot : la *globalisation*, dont elle tire l'exemple du commerce international, puis en étend abusivement le principe, sans distinction, à tous les aspects de la vie humaine, économiques, sociaux, politiques, et même aux valeurs.

La globalisation, entendue généralement, peut permettre une évolution très positive, créatrice d'enrichissement mutuel. Mais maniée sommairement et sans nuance, comme le fait la pensée unique, elle conduit à proposer l'égalitarisme général et l'érosion de toute différence, de toute souveraineté, de toute identité, de tout attachement ou de toute valeur particulière, dérive contraire à la nature profonde de l'homme, et qui risque de nous mener demain aux pires dérèglements économiques et sociaux.

Hélas, la pensée unique est aussi une pensée facile, ce qui explique peut-être en partie son hégémonie. À tout problème, elle présente une solution immédiate et ne nécessitant pas d'efforts, qui permet même aux plus sots d'avoir toujours quelque chose à dire : « Il faut davantage de globalisation, il faut moins de souveraineté, de différences, de valeurs. » Ainsi se trouverait supprimée selon eux cette irritante diversité du réel qui, avec ses frictions, ses frottements et ses opacités, freine le déploiement des grandes politiques uniformes dont ils ambitionnent d'être les directeurs.

Le lieu d'élection de cette pensée unique s'appelle Bruxelles. La connivence des socialistes et des démocrates-chrétiens, qui s'y exprime tous les jours et se diffuse d'ailleurs peu à peu, par capillarité, jusqu'au niveau national, s'organise autour de quelques principes simples, découlant tout droit de cette conception fausse de la globalisation : il faudrait abandonner toute politique de défense commerciale et immerger l'Europe, chaque jour davantage, dans le libre-échangisme mondial ; il faudrait démanteler les nations avec leurs lois, leurs frontières, leur monnaie, afin d'installer un système plus global, celui du fédéralisme européen, premier pas vers le fédéralisme mondial et la fusion universelle.

Ces erreurs, qui imprègnent les mentalités de nos gouvernants au point qu'ils les promeuvent avec zèle, se traduisent par les symptômes multiformes du nouveau mal français : en économie, chômage élevé, croissance faible ou nulle, déficits publics irrépressibles, endettement public galopant ; dans la vie sociale, inégalités croissantes à l'intérieur de chaque nation, consommation atone, faible natalité, déficit d'avenir ; en politique, impuissance apparente des gouvernements, connivence gauche-droite en profondeur, blocage des réformes, absence d'alternative visible, corruption sans cesse renaissante, perte de confiance des citoyens.

Et par-dessus le tout, domination sans partage du slogan de la pensée unique : « Il n'y a pas d'autre politique possible », qui n'a pour fonction que de faire accepter aux gens des sacrifices toujours plus lourds, des pertes de souverainetés individuelles et collectives toujours plus grandes, pour nourrir plus facilement le Minotaure de la globalisation, avec ses promesses lointaines et utopiques de société pure et parfaite.

Le politiquement correct est un nouveau pouvoir, avec son pilier politique et son pilier médiatique. Ses vigiles sont chargés de faire respecter une discipline aux ressorts assez simples.

À chaque question, grande ou petite, qui se pose aux responsables politiques, répond cette nouvelle forme de totalitarisme insidieux qui conduit à supprimer les choix. Le suivisme a succédé au volontarisme. Les idées qui ne se diluent pas dans le moule du politiquement correct sont par avance condamnées, au mieux à la censure médiatique et au silence, au pire au pilori des media et des bien-pensants. Les « douaniers de la pensée unique », pour reprendre l'heureuse expression de Pierre-André Taguieff, ont petit à petit érigé une norme appelée à régir chacun des aspects de notre vie, une norme qui a vocation à devenir universelle et immuable et qui, nous dit-on, est la traduction de la justice, de la vérité et du consensus.

Car les nouveaux vertueux ont la main sur le cœur et protestent de leur innocence et de leur équanimité. Peu importe que leurs méthodes respirent l'intolérance à rebours, la cause est juste. Ces censeurs aux idées fixes relèguent tous ceux qui dévient, tous ceux qui s'écartent de la ligne en les accusant de « fascisme ». Comme pour expier les erreurs de leur propre passé, ils rejettent la faute sur ceux qui, en leur temps, avaient raison lorsqu'ils dénonçaient les erreurs et les crimes du socialisme. L'argument est ridicule et simpliste, mais il porte parce qu'il touche la corde très sensible de l'antifascisme. Ceux-là mêmes qui, bien souvent, étaient les dresseurs de tables des tortionnaires du socialisme réel, développent une « victimonomanie » au nom de toutes les minorités souffrantes, sur les plaies desquelles ils viennent déposer un baume rhétorique au nom de la société humanitaire. La souffrance est leur fonds de commerce. Leur méthode d'approche est la culpabilisation d'autrui. En dehors du manteau de leur protection, il n'y aurait ni cœur ni générosité ni tolérance.

Regardez la vogue du mot « exclusion ». Il a été inventé par les socialistes pour combler le vide sémantique de la « nouvelle pauvreté » créée par les socialistes. Les fabricants d'exclusion sont en même temps les porte-parole de l'exclusion. L'exclusion — mot politiquement correct — implique l'intervention d'une tierce personne malveillante, celle qui a « exclu ». C'est ainsi un fusil à deux coups.

Le politiquement correct est un recyclage du socialisme. Un recyclage terriblement efficace, subtil, celui d'un socialisme qui a appris à se taire, d'un socialisme dans les rouages, dans les interstices, dans les têtes et dans les cœurs. Un socialisme de rouages plutôt qu'un socialisme de tréteaux, ou, pour employer un mot plus juste, un tour d'esprit social-démocrate et d'ambition œcuménique. Cet asservissement est un endormissement, un assoupissement, avec la bonne dose de sentimentalité ambiante. L'objectif est toujours le même : il s'agit de faire coucher la droite dans le lit de la gauche.

Ce nouveau totalitarisme intellectuel nous a fait entrer dans une nouvelle ère politique. Le débat et l'action politique ont changé de nature. Nous ne sommes plus au temps où les idées fourmillaient, bonnes ou mauvaises, où elles se télescopaient, où la gauche s'opposait à la droite. La pensée politique se fige. Dans le spectre des possibles, il n'y a plus qu'une voie : voie unique, pensée unique, unité de pensée, unité d'action.

Quelle différence entre la politique européenne de François Mitterrand et celle de Jacques Chirac, entre la politique de lutte contre la drogue de Claude Évin et celle de Simone Veil, entre la culture de Jack Lang et celle de Philippe Douste-Blazy, entre l'Université de Lionel Jospin et celle de François Bayrou, entre le Bercy d'avant 1993 et celui d'aujourd'hui ? Aucune, ou si peu. Quelques aménagements par-ci par-là. Rien de plus. Toutes les politiques se valent, se ressemblent, se recouvrent, au point de se confondre. Et les hommages s'intervertissent. Ce n'est plus la cohabitation des hommes, c'est la cohabitation des idées. Comme si le débat avait déjà eu lieu, avant, ailleurs, dans une sorte de vie antérieure. Il ne reste qu'une lutte pour l'alternance au pouvoir, rien de plus.

Nous sommes entrés dans ce nouveau conformisme presque sans nous en apercevoir, par les mots. Par les mots qui ont changé, par les mots dont on a changé le sens, par le choix des mots aussi. Le politiquement correct a changé les définitions pour les faire correspondre à son idéal. Il les charge d'une lourde et épaisse signification ou les fait disparaître. Quel plus sûr moyen de tuer une idée que de tuer le mot ou de lui donner le tournis ?

Serait-ce une nouvelle idéologie ? Assurément, le politiquement correct en a les caractéristiques.

Les dogmes.

Au sommet, on trouve le goût de l'espace sans frontières (globalisé), auquel répond en écho la méfiance envers les souverainetés (sources de morcellement). Il s'agit là, purement et simplement, d'une résurgence de la mentalité collectiviste qui, ayant fait la preuve de sa nocivité dans la gestion des entreprises, resurgit plus loin, à peine transformée, dans la gestion des nations.

On notera au passage le paradoxe d'une pensée fausse qui se survit toujours, grâce à la séduction de sa simplicité. On nous disait hier : le collectivisme, c'est l'ordre, et le marché, la propriété privée — avec

24

leurs intérêts égoïstes — le désordre. On nous dit aujourd'hui : la globalisation, c'est l'ordre, les souverainetés particulières, le désordre. Toujours le même schéma mental.

Or, il est maintenant démontré que, derrière le foisonnement apparemment désordonné du marché, se développe un ordre spontané, réel et solide ; et qu'au contraire derrière l'ordre collectiviste se cachaient le désordre social et la ruine. D'ici peu, on reconnaîtra de même que cette conclusion, transposée presque à l'identique, s'applique également aux relations entre nations.

Du dogme principal découle toute une série de dogmes secondaires qui entretiennent avec lui des affinités plus ou moins proches, mais participent tous au nouveau système de pensée.

Au nom de l'antiracisme, porté souvent par le multiculturalisme, on interdit de débattre de l'immigration ; au nom de l'Europe, entendue comme l'Europe intégrée, on interdit de débattre de la monnaie unique ou de l'Europe des nations ; au nom d'un féminisme exacerbé, on interdit de parler de la politique de la famille et de la natalité ; au nom de l'égalitarisme — qui pourtant, piétine l'élitisme républicain, autrefois cher à la gauche —, on interdit le débat sur la sélection, l'innovation, la liberté de l'école ; au nom du mondialisme, on interdit l'ouverture d'un débat sur les méfaits du libre-échangisme mondial ; au nom de la modernité et de la tolérance baba-cool, on interdit d'ouvrir un débat sur la drogue, le sida et les valeurs.

La nomenclature.

On l'appelle aujourd'hui « élites ». Il s'agit d'un réseau informel d'initiés qui se reconnaissent à quelques mots clés qui sont autant de mots de passe. Nous ne sommes plus en démocratie. La démocratie a été démembrée par un ordre expert fondé sur une endogamie de réflexes. Experts, énarques, technocrates, de Bruxelles, de l'O.M.C., de la Banque de France ou de Francfort, même formation, même profil de carrière, même manière de penser, mêmes préjugés : pensée unique, politiquement correcte. Unité de pensée, unité de langage, unité d'image avec les médias, unité de mirage pour le peuple.

La police.

Oui, il y a en France, aujourd'hui, une société d'agrément, une police des comportements avec ses grands prêtres, ses gardiens supplétifs et ses indics. Il s'agit de terroriser pour réduire au silence. La censure n'est nulle part, partout est l'autocensure.

Si nous ne réagissons pas rapidement, même nos grands auteurs classiques ne pourront plus être lus tels quels. Eux aussi devront être polis, policés, corrigés, à l'exemple de ce qui se produit aux États-Unis.

Les nouveaux gardes rouges de la pensée unique sont tellement persuasifs qu'on finirait par en oublier que La Fontaine et Molière faisaient partie, il n'y a pas si longtemps encore, du bagage élémentaire de tout écolier passant le certificat d'études. Devenus les symboles d'un « humanisme » que l'on s'applique à éloigner de la vue des élèves, les auteurs classiques sont voués à disparaître des programmes du primaire et du secondaire. C'est même en cours d'achèvement. Et l'on ne peut exclure l'apparition d'éditions expurgées ou, pourquoi pas, réécrites correctement. Cela se passe désormais ainsi aux États-Unis. C'est donc l'évolution probable en France.

Imaginons, en 2015, une séance de l'Académie française submergée par le tour d'esprit du pédagogiquement correct. Un jeudi matin habituel de réunion en habit vert sous la coupole, le nouveau Secrétaire perpétuel, choisi dans les rangs des thuriféraires de la pensée unique, officie à son rang, tout en bas, dans le rond de la verrière. On a déplacé son pupitre directif pour dissiper un sentiment physique de hiérarchie et de houlette psychologique qui déplaisait aux nouveaux membres. Alain Minc avise ses 39 collègues de la lettre pressante du secrétaire d'État auprès du ministre de la Culture, chargé de ce qu'on appelle — c'est son titre ministériel — les rythmes nouveaux.

Semblant capter, dans le remuement des échines, une onde interrogative, voire, dans le regard, un filet de désagrément, monsieur le Secrétaire perpétuel choisit finalement de lire le début de la lettre d'intention du secrétaire d'État aux rythmes nouveaux, le respecté rappeur M.C. Solaar : « ... À la suite de l'avis très ferme du Conseil des quartiers [N.D.L.R. : le Conseil d'État], je vous demande de laisser en l'état le Dictionnaire, qui prétend donner autoritairement, depuis trois siècles, une norme à la langue française. Je souhaite que vous vous consacriez désormais à la nouvelle mission que le Premier ministre vous confie : veiller à la conformité de toutes les œuvres littéraires "rétro" avec la nouvelle pensée correcte. Ce travail de correction doit être entrepris rapidement... »

Dès le jeudi suivant, le travail commence. Au programme de la matinée, dans l'ancien palais Mazarin, la « correction » d'une fable de La Fontaine, *La Cigale et la fourmi*. D'entrée, quelques dissidents demandent la parole. Emmanuel Todd fait de la résistance. Il s'étonne : « Quoi de choquant dans cette charmante poésie, qui a été tant de fois récitée ou même chantée par des millions d'enfants à travers le monde francophone ? » On le rabroue : « Comment oser invoquer la francophonie, véhicule sournois d'un néocolonialisme inadmissible ? Et comment ne pas voir tous les pièges idéologiques distillés par un fabuliste dont le "parrain" était un financier véreux spécialisé dans la promotion immobilière ? »

L'analyse de texte commence. Rien à dire pour les quatre premiers vers :

> « *La cigale, ayant chanté*
> *Tout l'été,*
> *Se trouva fort dépourvue*
> *Quand la bise fut venue.* »

28

Une petite remarque pour les deux suivants :

> « *Pas un seul petit morceau*
> *De mouche ou de vermisseau.* »

Cette pulsion carnivore de la cigale, qui personnifie le « héros positif » de la fable, n'est-elle pas gênante pour les amis des bêtes ? Ne vaudrait-il pas mieux qu'elle fût végétarienne ? L'un des Immortels propose donc, sous les vivats, de remplacer « mouche » et « vermisseau » par « trèfle » et « coquelicot ».

Donc, je reprends :

> « *Pas un seul petit morceau*
> *De trèfle ou de coquelicot.* »

C'est ensuite que les affaires se gâtent :

> « *Elle alla crier famine*
> *Chez la fourmi sa voisine,*
> *La priant de lui prêter*
> *Quelque grain pour subsister*
> *Jusqu'à la saison nouvelle.* »

Alain Minc fait remarquer qu'il est anachronique de crier famine à l'heure de l'Organisation mondiale du commerce et du Gatt. Un autre Immortel trouve inadmissible de voir la cigale s'abaisser à mendier des subsistances auprès d'un riche actionnaire de trust capitaliste : c'est une atteinte à la dignité humaine, aux droits des travailleurs intellectuels et à l'aura de l'artiste.

La suite n'arrange rien :

> *« Je vous paierai, lui dit-elle*
> *Avant l'oût, foi d'animal,*
> *Intérêt et principal.*
> *La fourmi n'est pas prêteuse :*
> *C'est là son moindre défaut. »*

L'indignation monte sous la Coupole. Auteur « bourgeois » subventionné par un monarque qui ignorait les exclus, La Fontaine fait preuve d'un racisme inadmissible, accompagné d'un sexisme non moins intolérable : c'est un animal noir et de genre féminin, la fourmi, qui se livre dans la fable à l'usure, puisqu'on lui propose de lui verser des intérêts en contrepartie d'un prêt ; la fourmi est présentée comme avare, bourrée de vices, hostile à la réduction du temps de travail et à la civilisation des loisirs, adepte des cadences infernales.

En fin de séance — ventre d'Immortel affamé n'a point d'oreilles —, les derniers présents s'en prennent à la fourmi et à son ironie mordante :

> *« Eh bien ! dansez maintenant. »*

Cette légèreté ne passe pas. Ils accusent la fourmi de manier l'humour, ce qui est toujours suspect aux vigies du politiquement correct, surtout quand c'est de l'humour de fourmi, c'est-à-dire de l'humour noir.

La pendule sonne. Il est temps de conclure. L'un des académiciens propose un nouveau canevas, adopté à une large majorité, malgré les railleries de Jean Raspail, toujours alerte et indécrottable réac,

30

et de F.-O. Giesbert, encore timide. La fable se terminera donc par la visite de la cigale, mandatée par une organisation humanitaire, chez sa voisine, aimable et généreuse, pour lui signaler une rupture de stocks alimentaires ; la fourmi l'autorise à squatter l'une des galeries de la fourmilière et obtient de la présidente de la communauté hyménoptère une subvention pour que la créativité de la cigale ne soit pas entravée par des soucis matériels. Celle-ci est par ailleurs chargée d'une mission officielle : la mise sur pied d'une Fête de la musique dans les galeries de l'ex-Palais-Royal.

Avant de lever la séance, le Secrétaire perpétuel lit une communication faite à l'auguste assemblée. Le président de la Commission de Bruxelles souhaite que l'Académie procède à une « relecture correcte » de l'*Andromaque* de Racine et de l'*Horace* de Corneille, qui évoquent des affrontements entre des peuples aujourd'hui membres de l'Union européenne.

Jeudi prochain, on « corrigera » Molière. On décidera de transformer le titre sexiste et élitiste des *Femmes savantes*, en le remplaçant par *Les Gens informés*.

Il faut éviter que ce cauchemar ne devienne réalité. Il faut sortir de cette société d'hébétude. Car la nouvelle idéologie du politiquement correct nous mène au désordre intellectuel, économique, social, moral, politique. Comme le marxisme, elle subvertit le sens des mots, le sens des choses, et oublie l'homme et ses attachements vitaux.

31

Le politiquement correct raye de la carte les paysans, les pêcheurs, les ouvriers, les artisans, il se donne aux transnationales qui déménagent leurs productions, loin des chambres du Droit et de la Justice.

Il raye de la carte les nations, accordant toujours la préférence à l'idéologie plutôt qu'aux voisinages affectifs et aux creusets de l'imaginaire.

Il raye de la carte les familles, croyant inventer un nouveau modèle de relations sociales, installant, comme une norme d'avenir, au cœur de notre société, la déchirure affective.

Il raye de la carte la liberté d'enseigner, la liberté de créer, la liberté de parler, au nom d'une caste de mandarins collecteurs d'impôts, qui découragent les guetteurs d'idées nouvelles et les inventeurs de prototypes...

La pensée unique, concoctée par ses prétendus experts, voudrait nous vider l'esprit de toute question, de tout débat, et obtenir l'obéissance docile des peuples, convaincus (enfin !) de la nécessité de souffrir en silence. Le système paraît si bien huilé, si bien installé sur les réseaux du monde nouveau qu'on pourrait le croire désormais invincible.

Ce serait une lourde erreur. Car au-delà de l'audience personnelle des dénonciateurs du politiquement correct, il existe une grande puissance à l'œuvre, celle des réalités sociales, qui finira un jour par avoir le dernier mot.

En effet, on peut mentir sur beaucoup de choses,

mais pas sur les chiffres, ceux du pouvoir d'achat, ceux du chômage. La pensée unique peut causer des ravages considérables à long terme, dans les mentalités ou les relations sociales, sans que personne ne réagisse. En revanche, lorsqu'elle détruit l'économie, elle commet une faute à sanction immédiate. Quand le peuple s'appauvrit et se désespère, il se révolte.

Or, ce qui se passe aujourd'hui dans notre économie est lourd de menaces pour l'avenir de cette nouvelle idéologie.

Que constatons-nous ?

Que les remèdes habituellement proposés par nos gouvernants, de droite ou de gauche, pour sortir de l'impasse du chômage et de la paupérisation progressive, s'avèrent impuissants, parce que, précisément, ils se situent à l'intérieur du politiquement correct.

Réduire les dépenses publiques et sociales ?

Il le faudrait, bien sûr, mais parallèlement la montée du chômage pousse les dépenses à la hausse. L'exercice de réduction est socialement périlleux, et la plupart du temps d'effet différé : devant les dangers, devant aussi l'urgence du calendrier des critères de Maastricht, les gouvernements ont malheureusement tendance à se dérober, en se bornant à réduire les déficits par la hausse des impôts.

Relancer la consommation pour relancer la croissance ?

Il le faudrait aussi, mais ne va-t-on pas, à cette occasion, relancer la dépense publique ? Il vaudrait mieux, bien sûr, procéder par la baisse des prélèvements obligatoires. Mais pour que cet allégement stimule la croissance, il faudrait que les ménages le transforment en consommation. Or, tout montre qu'ils choisiraient alors d'épargner par manque de confiance en l'avenir.

Inciter les ménages à désépargner?
Mais s'ils épargnent, ce n'est pas sans de multiples raisons, qui vont de la crainte du chômage aux préoccupations pour les retraites, en passant par le déficit de confiance en l'efficacité, voire la sincérité, des hommes politiques. Dans ces conditions, toute politique d'incitation à la « désépargne » serait sans avenir, pire même, dangereuse si elle atteignait vraiment ses objectifs.

Réduire le coût du travail pour rendre le pays plus compétitif dans le commerce international?
C'est assurément nécessaire, par exemple au moyen du transfert vers l'impôt des cotisations sociales correspondant à des charges de solidarité. Mais l'exercice rencontre vite ses limites. Pour combler les différentiels sociaux constatés de par le monde, il faudrait que nous allions beaucoup plus loin, que nous entamions largement la chair vive du pouvoir d'achat. Est-ce socialement acceptable?

Intervenir directement contre le chômage?
En partageant le travail, en multipliant les stages-parkings et les emplois sociaux plus ou moins fictifs?

Mais on alourdit la barque et on rend les entreprises moins compétitives encore.

Améliorer les qualifications ?

C'est une véritable solution, quoique partielle (puisque l'Allemagne, dont on vante en général l'excellence de la formation professionnelle, court aujourd'hui vers les 11 % de chômeurs). Mais, hélas, c'est un des domaines où, en France, l'impuissance des gouvernements, face aux lobbies de la pensée unique, s'affiche de la manière la plus désespérante.

Nous protéger contre la concurrence internationale déloyale ?

Mais nous sommes ligotés par les règles absurdes auxquelles notre pays a souscrit. Cette solution est interdite par le Gatt (aujourd'hui Organisation mondiale du commerce), interdite par Bruxelles, interdite par la pensée unique. De même, il est interdit de se protéger contre les fluctuations monétaires excessives au sein de l'Union européenne, car cela équivaudrait, paraît-il, à recréer des frontières sur le marché unique, hypothèse proscrite elle aussi par la pensée unique.

Voilà donc dessinée à grands traits la nasse dans laquelle nos gouvernements successifs, par inconscience, par imprévoyance, par lâcheté devant les diktats de la pensée unique, se trouvent aujourd'hui captifs, et nous avec eux.

Quand d'aventure cette nasse devient trop serrée, quand le chômage enregistre une accélération supérieure à sa dégradation habituelle, quand les politiques gouvernementales souffrent d'un blocage trop visible, alors on voit réapparaître toute une série de propositions illusoires, qui se prétendent « différentes », qui se parent des atours d'une « autre politique », mais qui en réalité n'ont pour fonction que de faire rêver, d'amuser la galerie, en attendant un hypothétique regain salvateur de la croissance.

Ces fausses solutions de rechange peuvent être rangées en quatre catégories, qui reviennent mécaniquement à la surface médiatique, chacune à leur tour, au fur et à mesure des difficultés :

1. La catégorie « relance budgétaire ». C'est une pure illusion parce que nous vivons dans un monde ouvert et que, de toute façon, nos finances publiques ne sont pas en état de supporter le moindre supplément de dépense. La « relance par les salaires » n'est qu'une variante de la précédente, et aussi irréaliste qu'elle : ce que les finances publiques ne peuvent prendre en charge, les entreprises ne le supporteraient pas non plus.

2. La catégorie « dévaluation ». Un simple flottement du franc destiné à desserrer les taux d'intérêt nous est aujourd'hui interdit par la convergence obligatoire de Maastricht. Une franche dévaluation, de son côté, ne serait pas souhaitable, car elle pourrait détruire la confiance des marchés qui, à la longue, est susceptible de favoriser des baisses spontanées de taux d'intérêt.

3. La catégorie « collectivisme ». Il s'agit d'une résurgence cachée de l'ancienne mentalité communiste : on édicterait des obligations d'embauche, on

multiplierait les emplois publics, on habillerait toute cette politique du beau nom de « maîtrise sociale du marché ». Cette méthode serait totalement régressive et anti-économique.

4. La catégorie « ultra-libéralisme ». Dans cette catégorie, on peut ranger toutes les propositions qui, partant du constat justifié qu'il existe des administrations inutiles, des monopoles improductifs, des privilèges réglementaires, dérivent sans limites et aboutissent à la remise en cause de l'État, du service public, du niveau des salaires, des mécanismes de solidarité minimum. Les Français ne l'accepteront pas. De toute façon, cette méthode engagerait un « dumping social » sans fin avec les autres pays.

Ces « autres politiques », ou qui se prétendent telles, s'avèrent à l'examen tellement impossibles que personne n'ose même les essayer. Seule la libération du franc par rapport au Mark serait en théorie envisageable, si nos hommes politiques avaient un peu plus de courage, et s'ils acceptaient de se débarrasser des dogmes de Maastricht et de la pensée unique. Quoi qu'il en soit, ces « autres politiques » dans leur ensemble ne servent aux hommes politiques qu'à se tailler une renommée facile dans l'opposition, quitte à les oublier aussitôt arrivés au pouvoir.

En résumé, notre politique économique est bloquée de toutes parts. Les hommes politiques ne font plus que proposer des « mesurettes » pour gagner du temps, et ils le savent. Les citoyens, quant à eux, se demandent de plus en plus s'ils n'ont pas devant eux un simple théâtre d'ombres. Ils s'aperçoivent qu'ils ne sont plus défendus et que le pouvoir est ailleurs que chez nous. Ainsi, se trouve remis en cause le cœur de la légitimité de l'État. Cette évolution, jointe au désastre du chômage, peut nous conduire à brève échéance à l'explosion sociale.

J'espère qu'il est encore temps de faire entendre le message d'une véritable « autre politique », qui ne soit ni keynésienne à contretemps, ni dévaluationniste, ni crypto-collectiviste, ni ultra-libérale. Cette autre politique devra rejeter les tabous du politiquement correct et présenter une articulation complète de mesures politiques, sociales, économiques, se déroulant dans un ordre logique et se soutenant mutuellement.

Avant tout, il faut aujourd'hui rétablir la confiance, et celle-ci ne renaîtra pas de simples mesures fiscales ou monétaires, même si elles sont indispensables. La confiance renaîtra de mesures politiques, montrant aux Français que l'État reprend sa place, que le peuple retrouve sa souveraineté, et que les hommes politiques sont enfin décidés à faire ce que les citoyens veulent, ce dont ils ont besoin, ce qu'ils attendent depuis si longtemps.

En effet, pour accorder à nouveau leur confiance, les Français veulent qu'on rétablisse la sécurité, et qu'ils n'aient plus le sentiment de voir notre pays glisser chaque jour davantage vers une guerre civile ; qu'on arrête clairement l'immigration, et qu'on mette en place une politique du retour au pays d'origine produisant des conséquences visibles ; qu'on

38

lutte contre la corruption par un pacte d'honnêteté publique ; qu'on protège la famille, c'est-à-dire l'avenir du pays ; et enfin, plus largement, qu'on défende les citoyens dans tous les domaines. Les Français ont besoin de sentir que leurs hommes politiques sont avant tout des patriotes qui ont pour premier souci de protéger leur pays et non de sacrifier sans cesse les intérêts nationaux sur l'autel de doctrines abstraites.

Sur cette base, absolument nécessaire et incontournable pour que, avec la confiance retrouvée, les mesures de redressement économique puissent produire un effet, le gouvernement devrait mener simultanément une double politique. À l'extérieur, s'efforcer de regagner une marge de manœuvre en réformant ou en contournant Bruxelles. À l'intérieur, mener une action résolue de libéralisation qui sera d'autant plus facile que les Français, se sentant désormais protégés contre les menaces externes, trouveront moins de raisons de se crisper devant les changements nécessaires. Il faut bien voir en effet que la protection extérieure change tout : sans elle, l'action gouvernementale, délivrée de l'hypothèque du « dumping social », pourra se déployer beaucoup plus librement.

La libéralisation de la société française repose en priorité sur un choix plus libre pour l'accueil de l'enfant, un choix plus libre de l'école, un choix plus libre de la protection sociale (dans les limites dictées par les règles de solidarité), un choix plus libre de l'affectation des ressources (donc la réduction drastique des prélèvements obligatoires). Pour contourner les inévitables tentatives de blocage que lanceraient alors des groupes d'intérêts particuliers, l'État devrait faire un usage plus large du référendum, et la société elle-même devrait pouvoir y recourir de sa propre initiative. Cette réforme, elle aussi, contribuerait grandement au rétablissement de la confiance.

À l'extérieur, il devient maintenant impératif de réformer profondément Bruxelles, en mettant fin à la folle tentative d'établissement d'un super-État appuyé sur la monnaie unique. Parallèlement, nous devons faire accepter à nos partenaires la nécessité de réinstaurer l'Union douanière — ce sera de plus en plus facile, car la réalité leur ouvre les yeux — et de favoriser au niveau de l'Organisation mondiale du commerce de nouvelles négociations internationales destinées à mieux prendre en compte les effets du « dumping monétaire », du « dumping social », du « dumping d'environnement ».

Telle est la seule autre politique possible, en dehors de tout extrémisme doctrinal : une politique de conception globale, rejetant les dogmes du politiquement correct et s'appuyant sur les valeurs des Français.

Dans ce dictionnaire, je propose une grille de lecture pour décrypter le politiquement correct. Elle est indicative et incomplète, bien sûr. Vous la mettrez à jour, avec les exemples puisés dans votre vie quotidienne. Car, si vous y prêtez attention, vous débusquerez partout autour de vous les conventions du politiquement correct. Effectuez ce travail de repérage. Avec humour parfois, avec gravité, avec pédagogie. C'est une œuvre civique, pour ne pas désespérer et répondre à l'inquiétude du temps présent.

Peut-on encore, en retrouvant le sens des mots, retourner la courbe de l'histoire, renverser le cours des choses ? Oui, tout est encore possible, car il y a un mystère de la France. Il existe, dans le tréfonds de notre pays, un lot de valeurs inépuisables, une recharge de volonté qui ont toujours donné à notre peuple les cordes de rappel et l'énergie du sursaut. La création, chez nous, est une seconde nature, comme l'amour du pays, le sens du service public, la solidarité dans l'épreuve… Tout ceci est là, dans notre jeunesse, bien enfoui, prêt au déploiement.

Les deux pays au monde où les vivants ont le plus de morts sous leurs pieds sont Israël et la France. Terres de l'énigme et du sacré. Ces morts nous parlent. Nous avons, lorsque nous foulons le sol de France, 5 milliards d'hommes sous nos pas. L'équivalent de la planète. Ils ont façonné nos paysages, érigé nos aide-mémoire, ils sont l'âme de la France qui fête son mille cinq centième anniversaire.

Notre mission, aujourd'hui pour demain, est de faire de la France un grand pays créateur et chaleureux. Le monde ne veut pas d'une France assoupie. Il a besoin d'une France de la grandeur.

La France, aux yeux du monde, doit demeurer politiquement incorrigible.

II

DICTIONNAIRE

Agriculture

Agri-manager. Destiné à flatter l'agriculteur quelque temps avant qu'il ne quitte la terre.

Mot phare du discours officiel, au cœur de l'exhortation ministérielle : « Vous êtes désormais des agri-managers ! » Ce qui, en fait, veut dire : « Vous ne serez jamais plus des agri-managers. » Quels sont les éléments qui constituent le statut d'un manager, c'est-à-dire d'un entrepreneur ? La faculté de conduire une stratégie à partir d'une politique de prix et de produits. Or, excepté quelques productions très spécifiques, notamment viticoles, les agriculteurs européens ne sont libres ni de déterminer leurs prix, qui sont alignés de plus en plus sur les cours mondiaux, ni de produire les quantités souhaitées, puisqu'ils sont contraints de mettre en jachère une partie de leurs terres. En compensation, ils reçoivent des primes de *Bruxelles*, qui forment directement leur revenu. La moitié ou presque de leur rémunération ne provient plus des fruits de leur travail mais des aides européennes.

45

Jachère. Au Moyen Âge, symbole d'une agriculture pauvre. En l'an 2000, la technocratie bruxelloise se propose d'en étendre le principe sur les terres les plus fertiles du globe pendant que 800 000 enfants du tiers monde meurent de faim sur les terres les plus arides de la planète.

Mutations. Mot magique arrivé en 1960 dans nos campagnes, apprivoisé et transmis par les permanents des chambres d'agriculture. Aujourd'hui entré dans le vocabulaire courant.

Le discours officiel est celui-ci : « Comme tous les autres grands secteurs industriels, notre agriculture est appelée à relever le défi de la formidable mutation qui doit la préparer à répondre aux enjeux de la globalisation de l'économie mondiale. »

En réalité, cette politique commerciale d'ouverture à tous les vents s'appuie sur un mensonge et prépare bien des déconvenues. Le mensonge consiste à faire croire que notre agriculture était, avant la signature des accords de Marrakech, protégée de la concurrence étrangère. Pourtant, l'agriculture européenne a toujours joué le jeu du commerce international. La signature des accords du Gatt cache tout autre chose : sous prétexte d'équité et d'ouverture, elle a été l'arme d'intimidation des Américains (agriculteurs et sociétés transnationales) pour imposer leurs règles aux agriculteurs européens.

Le Commissaire européen MacSharry, chargé de négocier les accords de Blair House préparatoires au Gatt, a été embauché quelques mois seulement après la négociation par le plus grand courtier de produits alimentaires mondial, Cargill. Une élémentaire déontologie devrait inciter les Commissaires européens à éviter ces pantouflages.

Synonyme de mutation : mutilation.

PAC (nouvelle). Politique agricole commune rénovée par le génie des Commissaires de Bruxelles. Nourrit les agriculteurs quand ils ont bien rempli leurs formulaires. Le but n'est plus d'exploiter sa terre, mais d'exploiter le système. Il ne s'agit plus de mesurer le temps qu'il fait mais le temps qu'il faut pour remplir les formulaires à subventions.

Ruralité. À sauver. Urgence rhétorique depuis 1960. Permet un accompagnement thérapeutique du mourant pendant qu'on accélère le processus de désertification. En un siècle, le rapport de population ville-campagne s'est inversé. Il y avait 80 % de ruraux pour 20 % de citadins. C'est maintenant l'inverse. Il disparaît une ferme toutes les dix minutes.

S'adapter. Depuis le plan Mansholt (1970), il est sans cesse recommandé aux agriculteurs de « s'adapter ». Cette adjuration des technocrates est devenue, au fil du temps, très suspecte : les agriculteurs français n'en peuvent plus de s'adapter, c'est-à-dire de disparaître. Car, sous ce terme paré de toutes les vertus du modernisme et du progrès, se cache un triste constat d'hécatombe :
4 millions d'agriculteurs en 1950,
730 000 en 1996,
400 000 en 2000, selon le ministre actuel de l'Agriculture.
C'est sans doute au nom de « l'adaptation » que 50 000 agriculteurs français disparaissent chaque année.
Et la faucheuse n'est pas près de s'arrêter : un agriculteur restant sur deux a plus de 50 ans, et les jeunes sont de moins en moins nombreux à s'installer : 12 900 en 1990, 7 246 en 1994, soit 44 % de moins en quatre ans !
Le mot d'ordre de l'adaptation fonctionne si bien que le ministre socialiste de la mer, Jacques Mellick, l'a élargi aux pêcheurs. S'adapter, c'est-à-dire crever en silence.

Spot. Satellite d'observation détourné de son objet par la Commission européenne. Pendant que les trafiquants de mort en poudre passent, sans contrôle, les frontières, les eurocrates, non contents d'écraser les agriculteurs sous le poids de leurs formulaires, les espionnent *via* deux satellites : Spot et Lansat. L'objectif est de vérifier que les jachères imposées par la Commission européenne, et maintenant par le Gatt, sont respectées, soit 38 000 km² de bonnes terres française, espagnole, grecque et italienne, rendues à la friche par la volonté d'une poignée de fonctionnaires.

Les Américains et autres concurrents des agriculteurs européens n'ont pas à s'inquiéter : Bruxelles et sa super-administration veillent sur leurs intérêts.

Surproduction. D'origine agricole, elle générerait des coûts prohibitifs. La réforme de la Politique agricole commune utilise ce concept comme justificatif. Or, contrairement aux idées reçues, l'Europe est loin d'avoir atteint son indépendance alimentaire : sa balance commerciale agroalimentaire est déficitaire, la moitié de l'alimentation animale vient de l'extérieur, et nous sommes contraints d'importer le tiers de notre huile, les trois quarts des protéagineux, le quart de la viande ovine, etc.

Le mot « surproduction », en langage daltonien bruxellois, doit se comprendre : « sousproduction ». Les eurocrates lisent les mots à l'envers, victimes de leurs lunettes correctrices de marque... américaine.

Culture

Clovis. Franc fort et qui tint à le rester. Suspect néanmoins de tiédeur à l'égard du couple franco-alaman.

Douste-Blazy (Philippe). Ombre portée de Jack Lang. Jack Lang du pauvre. Apparaît plus souvent sur l'écran qu'à Lourdes. Multiplie les gestes symboliques, les messages codés et les signaux afin de manifester son progressisme. Désormais reconnu par la communauté artistique pour son zèle et sa dévotion.

Duteurtre (Benoît). Musicologue d'une extrême incorrection. Auteur d'un *Requiem pour une avant-garde*[1], dans lequel il pourfend les dérives de la musique atonale et dénonce, au passage, le sys-

---

1. Éd. Robert Laffont, 1995.

tème de subventions et d'avantages officiels dont sont bénéficiaires cette « école » et son chef de file, Pierre Boulez. Cette audace a valu à Benoît Duteurtre de voir son ouvrage qualifié de « nauséabond » dans *L'Express*. *Le Monde* n'exclut pas que ses thèses soient assimilables à celles de Faurisson sur les chambres à gaz ! « Contester Boulez, c'est approuver les chambres à gaz », ironise J.-F. Revel dans *Le Point*.

Déjà Pierre Boulez, grand maître de la pensée musicale unique, avait fait tonner l'artillerie lourde contre François de Closets qui avait osé mettre en cause les crédits publics attribués à un institut de « recherche musicale ». « Ce qui se cache derrière ce réquisitoire se rapproche terriblement de la lecture révisionniste de l'Histoire », avait répliqué Boulez avec ce sens des nuances qu'autorise l'appartenance à la caste du politiquement correct.

Intellectuel de gauche. Pléonasme.

Ministère Amer. Groupe de rappeurs très à la mode qui revendique l'incitation au meurtre comme une bonne action.

Dans le C.D. inspiré du film *La Haine*, leur credo anti-flic est résumé par un cri d'appel :

« *Pas de Paix,*
Sans que le Poulet repose en paix. »

N.T.M. Littéralement : « Nique ta mère ». *Nec plus ultra* du culturellement correct. S'esbaudir obligatoirement devant cet avènement d'une certaine sensibilité et de la profonde recherche artistique de nos banlieues, certes angoissées mais prodigieusement pénétrées de créativité. Surtout ne pas s'émouvoir. Le rap de « Nique ta mère » trouve une juste place dans le recueil « La discothèque idéale », publiée fin 1995 par *Télérama*, entre Charles Trenet et Giacomo Puccini, les Beatles et Johnny Hallyday.

Produit culturel. Un opéra de Mozart et un rap de « Nique ta mère », une sculpture en pâte à modeler et la *Pietà* de Michel-Ange, un tag sur un mur de métro et les *Demoiselles d'Avignon* de Picasso, les colonnes de Buren et une voûte gothique, le musée Rodin et le musée du chapeau, tout comme un emballage de McDo et une bouteille de Coca, sans hiérarchisation ni notion émotionnelle ou esthétique.
Depuis 1981, la culture est passée de l'ombre « bourgeoise » à la lumière « languienne » : toutes les « œuvres » *se valent*, quiconque se proclame « créateur » est un « artiste », si possible subventionné et épinglé de médailles-à-un-rythme-soutenu-par-le-ministre-en-

personne. Si ce ministre est de droite, il lui faut marcher sur les œufs pochés du culturellement correct, en se demandant vingt-quatre heures sur vingt-quatre : « Qu'en dirait Jack ? Que ferait-il à ma place ? »

Puy-du-Fou. « Concentré de réaction et de culture passéistes » selon les pythonisses de la culture officielle. Échappe aux archétypes de la culture Lang et se trouve, dès lors, assimilé à une kermesse aux fromages ou une fête de la citrouille de l'ancien temps. Ne pas s'y rendre ou alors en cachette. Comment expliquer, dans ces conditions, que les gens y accourent de plus en plus nombreux depuis les confins de l'Europe ? Sous la croûte épaisse des préjugés du néoconformisme culturel le mieux installé, le Puy-du-Fou connaît ce qu'on appelle dans le monde du spectacle d'un mot magique : le succès. Succès populaire qui en fait le troisième pôle d'attraction culturel de France avec près d'un million de visiteurs rien que pour le seul été. Succès à l'étranger puisque aussi bien au Japon qu'aux États-Unis on ne manque pas de saluer régulièrement, parmi les spécialistes des entreprises culturelles mondiales, ce que la BBC a elle-même récemment appelé « une aventure culturelle du troisième millénaire ». Succès financier aussi qui va d'ailleurs, dans la décennie à venir, donner un coup de booster fantastique à cette aventure aux multiples retombées économiques, artistiques et humaines.

Le Puy-du-Fou n'est pas une institution publique, mais une *initiative privée*. Il n'y a pas un centime d'argent public dans cette entreprise originale. L'argent nécessaire aux investissements, à la recherche, aux inventions de technologies nouvelles provient exclusivement de l'Association du Spectacle que j'ai créée en 1978, et de sa petite sœur, la société du Grand Parcours, née en 1989 et qui est détenue à 100 % par l'Association avec ses 2 500 membres actifs, tous bénévoles.

Cette chiquenaude de bénévolat exemplaire a permis de créer au moins 1 000 emplois autour du Puy-du-Fou, dont 400 jeunes permanents l'été avec un premier contrat. Des écoles ont été mises en place pour la régie, la cavalerie et les cascades. Aujourd'hui prestigieuses, elles sont reconnues dans toute l'Europe.

Chaque année, le spectacle verse ses excédents à des organismes caritatifs et culturels, et va jusqu'à subventionner les collectivités publiques. C'est l'inversion de la filière traditionnelle. Une *initiative privée subventionne* une bonne douzaine de communes pour leurs équipements culturels.

Enfin, sur le site du Puy-du-Fou, tous les procédés utilisés — du cinéma en relief jusqu'aux têtes parlantes, de la cinéscénie aux écrans d'eau géants — sont des *procédés et brevets français* inventés sur place.

Le Puy-du-Fou est, en quelque sorte, la rencontre réussie de la tradition et de l'ordinateur.

Société multiculturelle. Idéal des tenants de l'immigration. « Y penser toujours, n'en parler jamais » ; comme il est probable que les Français n'accepteront pas une politique qui conduirait ouvertement à la société multiculturelle, on leur parle d'intégration.

Le Liban sinistré, la Bosnie déchirée, l'Amérique écartelée nous montrent que la société multiculturelle est multiconflictuelle. Pour conserver la paix civile, il est impératif de maintenir, avec l'unité nationale, la cohésion de la société française.

Tacite. Au ban des historiens politiquement corrects, parce qu'il dit à peu près la même chose qu'Aristote : quand un peuple n'a plus de mœurs, il fait des lois. Tacite est accusé de censurer les mœurs décadentes de l'Empire julio-claudien, en écrivant cette phrase définitive : « Plus l'État est corrompu, plus les lois se multiplient. »

C'est la même conviction qui, au siècle des Lumières, anime *L'Esprit des lois* de Montesquieu, lorsqu'il s'interroge sur les rapports des lois et des mœurs d'une nation, et observe : « Quand un peuple a de bonnes mœurs, les lois deviennent simples. »

À cette aune, comment devrait-on apprécier la logorrhée législative et réglementaire que dénonce chaque année le rapport du Conseil d'État, les 7 500 lois, 82 000 décrets, 20 000 règlements communautaires qui nous régissent ?

Économie

Capitalisme à la française. À rapprocher de l'expression « service public à la française » : deux spécificités nationales aux vertus intouchables et que le monde entier nous envie ! En réalité le « capitalisme à la française » fonctionne à peu près comme le « service public à la française », c'est-à-dire avec les mêmes hommes et vivant aux mêmes crochets de l'État.

Dans la France d'aujourd'hui, le capitalisme, le vrai, n'existe que dans les marges de la grande industrie et de la grande finance. Les grandes sociétés sont, pour beaucoup d'entre elles, restées dans le giron de l'État à partir de quelques pôles de contrôle direct ou indirect. Le premier d'entre eux tourne autour du Crédit Lyonnais, des A.G.F. et de Paribas. Il contrôle Total, Rhône-Poulenc, Bouygues, Usinor et il joue un rôle important dans l'Aérospatiale, Thomson et Arnault. Le deuxième pôle est constitué de l'U.A.P., la B.N.P. et Suez, et il maîtrise Elf, Saint-Gobain, la Lyonnaise des Eaux, avec une influence décisive chez

Renault, Air France et Pechiney. Le troisième pôle est composé de la Société Générale et d'Alcatel, et maîtrise Havas et Canal Plus, etc.

Nous assistons à une véritable captation autoritaire des fonds publics par un petit cercle de cooptation et d'auto-éblouissement mutuel, le cercle des commis d'État recrutés par concours dans les « grandes écoles ».

Crise. Toujours conjoncturelle, donc temporaire. Il suffit d'attendre un retournement de conjoncture. Les experts de l'I.N.S.E.E. scrutent le ciel comme de nouveaux grands prêtres étrusques découpant les poulets sacrés et nous proposent chaque trimestre de « nouvelles projections ». Il leur arrive de ne pas se tromper. Notamment sur le passé. Les experts de l'I.N.S.E.E. nous aident ainsi à capter les courants chauds de la reprise. L'économie, échappant au bon sens, n'est plus qu'un caprice. La seule posture de sagesse consiste à avancer à la godille, « en attendant la reprise ».

Non, cette crise n'est pas conjoncturelle. Elle est structurelle. Quand il y a erreur de diagnostic, il y a erreur de traitement. Nous vivons une crise de la consommation — la crise de la démographie des consommateurs — et nous vivons une crise de la production — le déménagement de nos entreprises.

Déficits. Doivent être réduits par l'impôt. Voir s'enfuir un déficit et finalement le voir s'effacer, c'est la nouvelle frontière imaginaire proposée aux jeunes gens de France. La nouvelle poésie du devoir. Selon les gardiens de la pensée unique, il n'y a pas d'autre politique possible. Ce qu'on nous propose pour rêver d'avenir, c'est la parousie par les déficits évanescents et les impôts narcotiques.

Dépenses publiques. Une bonne politique se mesure chaque année au niveau d'augmentation des dépenses publiques. Plus on dépense, mieux on gouverne. Telle est la devise du politiquement correct. Or, il est possible et urgent de réduire les dépenses de l'État : suppression des sous-préfectures, fusion des directions départementales de l'agriculture et de l'équipement, réduction de certaines administrations (le nombre d'agents du ministère de l'Agriculture est passé de 15 200 en 1950 à 30 200 en 1995, alors que le nombre d'exploitations agricoles chutait vertigineusement dans le même temps), disparition de la direction des monnaies et médailles (qui fabrique des pièces huit fois plus chères que le privé), dégonflement de l'I.N.S.E.E. (qui compte 56 000 postes, c'est-à-dire deux fois plus qu'au Royaume-Uni)... Économie annuelle sur 30 000 postes supprimés : 9 milliards de francs.

Autre suggestion : la réduction des aides. L'État peut gagner 6 milliards en se montrant plus strict sur l'attribution de certaines prestations (R.M.I., allocation logement social), sur le versement de la contribution de la France au budget de l'Union européenne (en rabotant 4 milliards).

Écu. Ancien nom de la future monnaie unique. Pas assez allemand. La monnaie unique aura ainsi changé de nom deux fois avant de naître. À Maastricht, c'était l'Écu ; à Madrid, c'est l'Euro.
Depuis le 15 décembre 1995, l'Écu est passé aux oubliettes de l'Histoire afin de rassurer une opinion publique allemande de plus en plus sceptique. L'Allemagne ne pouvait accepter la consonance française du mot Écu. Elle a donc imposé à ses 14 partenaires l'intitulé de la future monnaie unique.
Le peuple français appréciera cette méthode, lui qui s'était prononcé par référendum, en 1992, sur l'appellation Écu (article 104 du traité de Maastricht). Ce que le peuple français vote, le chancelier Kohl en fait un chiffon de papier.

Entreprise. Lieu d'embauche remplissant un quota de recrutements obligatoires qui viendrait en quelque sorte compléter la surtaxe de l'impôt sur les bénéfices. Tel paraît du moins être son statut depuis qu'Alain Juppé a proposé une nouvelle obligation légale : l'embauche forcée de jeunes chômeurs. C'est un tournant, puisque l'entreprise se définissait naguère comme un lieu de production, de création de richesses, soumis à la pression d'une clientèle. Aussi bien l'entreprise deviendrait-elle ainsi l'appendice du secteur public. Faillite comprise. T.T.C.

Euro. Diminutif. Les Allemands prononcent : « Euro-Mark. »

Excédent commercial. Positif bien sûr. Le chiffre annoncé par les experts est de 100 milliards de francs. Ces dernières années, par exemple, la vive croissance en Asie a bénéficié à la France qui y augmente fortement ses exportations. Nous profitons ainsi du dynamisme du reste du monde. Et tout le monde croit ces bulletins de victoire.
Et si tout cela relevait d'un mensonge statistique ? En effet, les pays d'Asie importent aujourd'hui les biens d'équipement dont ils ont besoin pour leurs infrastructures. Ils investissent. Alors que chez nous, l'investissement est en chute libre. En d'autres termes, ils forgent aujourd'hui leur capacité de nous inonder, demain, de leurs exporta-

tions, à partir des produits que nous leur aurons vendus pendant cette période transitoire.

Nous exportons, en outre, des produits à faible densité de main-d'œuvre mais nous importons des produits à forte densité de main-d'œuvre. Ce qui compte pour une économie saine, fondée sur la stabilité sociale, ce n'est pas la balance des devises, c'est la balance des emplois. Le mot « excédent » est politiquement correct et économiquement absurde.

Franc fort. Attention ! Ne jamais employer le mot franc pour lui-même mais dans la locution suivante, reçue comme un impératif moral : « la politique du franc fort ». Fort, nous dit-on, pour être libre.

On pourrait penser que les adeptes de la force et de la vigueur du franc aient à soutenir une bataille contre les tenants de la disparition du franc. Pas du tout. Car ce sont les mêmes. Curieusement, en effet, ce sont les experts et les politiques les plus passionnément attachés au franc fort qui proposent aussi de le faire disparaître.

Il est donc recommandé de prononcer les deux phrases en tenaille du rite sacrificiel : « Je suis attaché au franc fort » ; « Je suis convaincu de sa nécessaire disparition ».

« Fort » pour être immolé à Francfort sur l'autel de la monnaie unique. Dans le sens inverse, ceux qui sont accusés de vouloir un franc faible sont aussi accusés de vouloir le maintenir en vie.

Friedman (Milton). Père du « monétairement cor-rect », c'est-à-dire du monétarisme. Devenu poli-tiquement incorrect depuis quelques mois. Le prix Nobel d'économie a en effet ironisé sur l'entête-ment français à maintenir un taux de change fixe entre le franc et le Mark : « Il n'y a aucune raison pour qu'il y ait 11 ou 12 % de chômeurs dans l'Hexagone, sinon une politique monétaire suici-daire combinée à un excès de dépenses publiques et à un trop-plein de réglementations. » Selon lui, l'union monétaire ne pourrait tenir que dans le cadre d'une nation européenne, avec une banque centrale européenne : « Je ne crois pas à la possi-bilité d'une monnaie unique en Europe dans un avenir prévisible. »

Monétarisme. Nouvelle organisation monétaire de l'Europe qui devrait permettre de « sortir de la crise » et d'entrer dans une ère de prospérité grâce à la nouvelle parité fixe qui doit durer mille ans. Il s'agit d'une idéologie qui rappelle étrangement le matérialisme historique et toutes les utopies radieuses du siècle dernier. Cette nouvelle religion est établie sur deux présupposés : la fusion des nations et des cultures est nécessaire et inéluc-table ; c'est la monnaie qui mène le monde.

Monnaie unique. Veut dire qu'elle ne sera pas unique. Elle ne comprendra ni l'Italie ni l'Espagne ni l'Angleterre. Les producteurs de fruits et légumes de ces pays pourront continuer à dévaluer.

Présentée comme une nécessité historique sur le plan à la fois économique et politique, la monnaie unique est un *contresens économique*. On voudrait nous faire croire que seuls les critères de convergence pourraient nous aider à remettre de l'ordre dans nos finances publiques. Or, ce qui arrive est précisément l'inverse. La recherche frénétique d'un taux de change fixe avec l'Allemagne provoque, en France, à la fois un taux de chômage élevé et un déficit budgétaire et social important. La monnaie unique, c'est la pensée unique et la victoire du Mark face au franc dans l'Euro-Mark. La monnaie unique est aussi un contresens politique : un pays qui n'a plus de monnaie n'a plus de souveraineté.

Pause fiscale. Expression utilisée quand on vient d'augmenter les impôts. Valéry Giscard d'Estaing fut le premier, au début de son septennat, à annoncer la « pause fiscale ». Le taux des prélèvements fiscaux et sociaux passa à 37 %. En 1990, Michel Rocard annonce « la pause fiscale » et les prélèvements sont portés à 41 %. Edouard

Balladur promet, dès son arrivée, « la pause fiscale ». Les prélèvements passent, en deux ans, à 44 %.

En huit mois de gouvernement, Alain Juppé a décroché la timbale. Il promet « la pause fiscale » en décembre 1995, ce qui veut dire qu'il a porté les prélèvements au niveau record de 45 % !

Protectionnisme. Régression mentale assimilable au nationalisme. Le protectionnisme désigne, selon la pensée unique, les frileux qui voudraient encapitonner l'Europe et finalement la couper du monde sans comprendre que le mondialisme est une chance non seulement pour le commerce mondial mais aussi pour l'Europe elle-même.

Pourtant, si on faisait demain une véritable union douanière à 15 pays, avec 370 millions de producteurs et de consommateurs, l'Europe serait la première puissance industrielle, agricole, tertiaire du monde. La première aussi à créer des emplois. Mais pendant que l'Europe s'ouvre à tous les vents, que font donc les autres pays ?

Ils se protègent. Et ils nous taillent des croupières. Bouclier dans une main, épée du samouraï dans l'autre.

L'Europe doit être à la fois protégée et conquérante. Ce n'est pas un mur-forteresse que je demande, c'est une écluse. Concurrence à l'intérieur. Protection à l'extérieur. Il n'y a pas de protection sociale qui tienne s'il n'y a pas un minimum de protection économique.

Renflouement. Appel périodique aux contribuables sommés de cracher au bassinet pour combler les déficits des services publics et du capitalisme à la française. Le politiquement correct utilise le même argumentaire pour sauver la S.N.C.F. et le Crédit Lyonnais. Les archontes du « capitalisme à la française » (polytechniciens et énarques) mobilisent l'argent public pour sauver une économie de caste et de participations croisées.

Tiers monde (s'ouvrir au). Traduisez : « piller le tiers monde » avec le consentement des trente familles qui tiennent les salariés de chacun de ces pays pauvres. Le système mondial repose, selon la forte expression de Jimmy Goldsmith, sur le mécanisme criminel suivant : ce sont les pauvres des pays riches qui subventionnent les riches des pays pauvres.

Comment ne pas rapprocher la situation excédentaire des pays industrialisés du déficit alimentaire dont souffrent ou meurent 40 millions d'enfants chaque année dans le monde ? Sur la surface de la planète, il reste 3 milliards de paysans. Si, par simple application du Gatt, nous en éliminons

2 milliards, nous allons préparer une fantastique bombe humaine qui désintégrera nos civilisations. Le Gatt va en effet pousser les pays pauvres, au nom du principe absurde de la spécialisation, à abandonner les cultures vivrières traditionnelles pour se lancer dans les cultures d'exportation (arachide, café, coton, etc.). Ces grandes cultures risquent de causer des dommages écologiques immenses quand on sait que, pour mettre en culture de nouvelles surfaces, on déboise les forêts équatoriales au rythme d'un terrain de football par seconde.

Il est quand même extraordinaire d'observer l'embardée du tiers monde, passé sans transition du marxisme le plus vigilant à l'ultra-libéralisme le plus orthodoxe. Ainsi va le politiquement correct.

Tietmeyer (Hans). Président de la Bundesbank. Gouverneur de l'Europe. Supérieur hiérarchique de Jean-Claude Trichet, gouverneur de la Banque de France.

Trichet (Jean-Claude). Gouverneur de la Banque de France. Se prend pour le gouverneur de la France.

Éducation

Acquis. En haut de la copie, à gauche, écrit à l'encre rouge, le mot veut dire : la « meilleure note ». Dans la nouvelle échelle de notation, on a veillé à chasser les traumatismes et les regards obliques de l'émulation jalouse. Aux notes, qui avaient été dans un premier temps remplacées par des lettres A, B, C, D, se sont substituées les formules moins traumatisantes d'« acquis », « à renforcer », « en cours d'acquisition » et « non acquis ». La volonté est simple : il s'agit de gommer l'émulation, la sélection, l'effort. Tout ce qui, de près ou de loin, pourrait par transpiration langagière rappeler l'élitisme.

Activité graphique. Les cours de dessin. La musique, quant à elle, est devenue « éducation musicale ». Tout cela pour lisser le caractère trop individualiste de l'enseignement artistique et les relents réactionnaires de l'esthétique.

69

Apprenant. Élève dans la logomachie du ministère de l'Éducation nationale.

Budget. Toujours plus. De moyens, de crédits, d'élèves, de professeurs. Telle est la seule logique de ce budget. Sous la pression des syndicats, la croissance du budget de l'Éducation nationale a été vertigineuse. De 1977 à 1992, il a crû de 44 % alors que le nombre d'élèves augmentait de 3,7 %. Pour la même période, dans l'enseignement public primaire et secondaire, le nombre d'élèves moyen par enseignant est passé de 20,2 à 15,1. À population égale, la France dispose, pour le primaire et le secondaire, de 30 % d'enseignants de plus que l'Allemagne ou le Japon. Quant au plan Bayrou pour l'Université, il s'est résumé, une fois encore, à un accroissement des moyens : 2 000 postes nouveaux et des dizaines de milliers de mètres carrés supplémentaires.

Tout cet empilement de moyens pour quoi faire ? Un jeune sur 5 en France est au chômage, contre un sur 20 en Allemagne. La politique de formation d'un pays ne peut se résumer à une stricte augmentation des moyens à chaque fois que les syndicats se plaignent et que les étudiants et les lycéens descendent dans la rue.

« Bulletin officiel de l'Éducation nationale ».
Journal officiel des mots accrédités du Grand Service sémantique obligatoire. Très amusant et très instructif. L'école est le seul lieu social où existe un journal officiel du politiquement correct, en l'occurrence un lexique du pédagogiquement correct. On y devine la plume hésitante des ministres successifs dont la main tremble sous la dictée des apparatchiks syndicaux et des psychologues scolaires. Nous entrons ainsi dans un univers de ouate et de laine de verre. Chaque mot est comme entretenu dans un caisson phonique pour garder un son mat. Tout est lifté, arasé, allusif.

Les parents ne s'y retrouvent pas. Car aujourd'hui, pour réussir à l'école, il faut cette nouvelle grammaire, pas celle de nos grands-pères, mais celle du *Bulletin officiel de l'Éducation nationale*. Comment, dès lors, s'étonner que ce soient les enfants d'enseignants qui ont le plus de chance d'intégrer une grande école ?

Pendant des siècles, les professeurs avaient pour mission de corriger les élèves. Depuis l'avènement du pédagogiquement correct, les enseignants se donnent pour mission de corriger l'école.

Compétences. Naguère, on parlait des matières enseignées. À présent, les « compétences » ont été redéfinies. C'est ainsi que la poésie est devenue

« l'usage poétique de la langue ». Quant aux mathématiques, elles ont donné naissance à « la sériation », « la classification », « le dénombrement », et « la révolution spatiale ».

Échec scolaire. N'existe pas dans le discours officiel de l'Éducation nationale. Ce mot a disparu et pourtant, 100 000 jeunes, chaque année, quittent l'école sans diplôme, sans aucune formation et sans métier.

Selon le ministère de l'Éducation nationale lui-même, qui oblitère ses propres statistiques, 30 % des élèves qui entrent en sixième ne savent ni lire ni écrire ou lisent avec difficulté ; 40 % des étudiants quittent l'Université après 2, 3 voire 4 ans, sans aucune qualification.

Ces chiffres démontrent, à eux seuls, que notre système éducatif est un échec car il se fonde précisément sur l'échec. Il va sans dire que ce sont les élèves qui paient le dogmatisme du système : dévalorisation, perte du sens de l'effort, difficulté de s'insérer dans la société.

Éducation sexuelle. En langage moralement correct, peut se définir ainsi : « Quand, à l'école, on parle aux enfants des enfants, c'est pour leur expliquer comment ne pas avoir d'enfants. » Il serait très incorrect, par les temps qui courent, de proposer « une éducation à la responsabilité parentale ».

Frises chronologiques. Les professeurs d'histoire ont abandonné les dates et enseignent à partir de « frises chronologiques ». Les personnalités qui ont fait l'histoire s'effacent, et on revient le plus souvent à la « longue durée » de l'histoire, chère au marxisme. Une enquête du Centre de recherche pour l'étude et l'observation des conditions de vie montre que 35 % des instituteurs se disent embarrassés par l'enseignement de l'histoire et de l'instruction civique : 15 % choisissent même de ne pas traiter ces matières, les remplaçant par des leçons de français ou de maths.

Gaulois. Escroquerie scientifique. Selon les nouveaux livres d'instruction civique (avec l'*imprimatur* de l'Éducation nationale) : « Nous sommes tous des immigrés. »

Illettrisme. D'après *Libération* du 7 décembre 1995, 40 % des Français n'ont pas une aptitude satisfaisante à la lecture. Ce chiffre n'est pas officiel car la France a décidé de se retirer de l'enquête menée par l'O.C.D.E. dans huit pays occidentaux. « Les Français, toujours prompts à louer l'excellence de leur système éducatif, avaient-ils escompté un autre résultat ? » interroge *Libération*. À titre de comparaison, l'O.C.D.E. fait état de 7,5 % pour la Suède, 14,4 % pour l'Allemagne et 20,7 % pour les États-Unis.

L'universitaire Alain Bentilola, professeur à la Sorbonne et conseiller de l'Observatoire national de la lecture, révèle d'autres chiffres. Sur 350 000 appelés du contingent en 1995, on compte 1 % d'analphabètes complets, 7 % affichent un illettrisme profond (incapacité de lire plus de 3 ou 4 mots), 20 % sont touchés à des degrés divers. 21 % de la population carcérale et 38 % des Rmistes sont illettrés. L'universitaire commente : « Chaque publication de chiffres fait peur parce qu'on estime qu'elle va mettre notre système éducatif sur la sellette [...]. C'est du *politically correct* avant l'heure, car cela fait dix ans que ça dure. » En 1985, le ministère du Travail avait installé un Groupement permanent de lutte contre l'illettrisme, avec un budget annuel de 60 millions de francs. Il n'a publié jusqu'ici aucun résultat chiffré.

Livret d'évaluation. L'ancien carnet de notes a disparu. Il a été jugé trop bruyant, trop voyant. Trop tranchant. Trop injuste.

Maître de cycle. Naguère professeur. Ce nouveau terme lui a été attribué afin de signifier que les relations entre le professeur et l'élève doivent changer. L'apprentissage directif est banni. Le professeur doit revêtir l'habit du « répétiteur ». Il est vrai qu'à l'Éducation nationale, ce qui compte n'est pas tant ce qu'on apprend que la façon dont on l'apprend.

Monopole. Arche d'alliance du ministère de l'Éducation nationale. Le mot doit être prononcé chaque matin au bas de l'autel. Toute formation supérieure qui viendrait concurrencer ou compléter l'université, quels que soient ses résultats, quels que soient les débouchés qu'elle offre aux étudiants, devrait donc disparaître et se fondre dans le grand service public laïc et unifié.

La faculté Léonard-de-Vinci, dite « fac Pasqua », en a fait les frais. Elle a été vilipendée non seulement par le discours de quelques thuriféraires de la gauche laïque mais également par le Premier ministre lui-même, Alain Juppé, choqué par cette initiative qui avait osé briser le sacro-saint monopole.

Ce que les vigiles de la pensée unique à l'Université oublient de nous dire, c'est que leur dogmatisme conduit à un massacre et fabrique une génération de sacrifiés. Sans une véritable révolution universitaire fondée sur la sélection, l'innovation et la liberté, le système des formations supérieures en France n'a pas d'avenir, les étudiants non plus.

Orientation. Terme utilisé pour n'avoir pas à parler de sélection, cet épouvantail pour les ministres de l'Éducation nationale. Ils veillent à ne rien changer en profondeur à un système qui laisse trop d'étudiants s'entasser dans des universités-parkings, sans perspective de débouchés. Et, pourtant, comment laisser croire aux 35 000 étudiants en psychologie qu'ils seront tous demain psychologues alors qu'ils sont plus nombreux que le nombre total de psychologues qui exercent en France ?

Est-il raisonnable de faire croire aux 7 400 étudiants en première année d'éducation physique, qu'ils seront tous professeurs de gymnastique alors que l'Éducation nationale n'en recrute que 1 000 par an ?

Préservatif. Recommandé par Jack Lang et Véronique Neiertz dans les lycées sous forme de distributeurs au sortir des classes.

Afin de compléter le dispositif pédagogique, il est question d'apprendre le latin dans les pharmacies.

Sallenave (Danièle). Une sartrienne qui file un mauvais coton. On l'a connue militante soixante-huitarde à Nanterre, où elle enseignait la littérature française. Elle est rédactrice en chef des *Temps modernes*, la revue créée par le grand Sartre lui-même. Figure éminente de la république des lettres, auteur de plusieurs romans et titulaire de prix, elle a le cœur à gauche. Eh bien, *horresco referens*, elle est passée dans le camp de l'incorrection la plus complète, au point de proférer des énormités du genre : « Moins il y aura de sélection tout au long de la scolarité, plus la sélection sociale fera rage. » « Quiconque essaie de donner un enseignement suivi des lettres en premier cycle à l'université ne peut qu'en constater l'impossibilité, la base sur laquelle il faudrait s'appuyer faisant défaut aux étudiants, note-t-elle. C'est la conséquence du laxisme qui préside au baccalauréat pour satisfaire au slogan des 80 % d'une génération au bac. »

Séquence de grande motricité. Les cours de gymnastique.

Violence à l'école. Fatalité inhérente au progrès. La violence à l'école ne date pas d'aujourd'hui mais la tendance du politiquement correct est toujours de cacher ce qui fâche. Les parents des victimes étaient dissuadés de porter plainte. L'auto-discipline ne pouvait être remise en cause.

La gravité de la situation est telle que la discrétion n'est plus possible. Alors on accuse la misère des banlieues, le manque de moyens. François Bayrou propose de projeter un film pour amadouer les casseurs, que les élèves prennent en main leur sécurité, qu'un service militaire civique soit effectué à l'école ! Dérisoire, stérile et dangereux.

L'école des années 2000 devient une zone de non-droit, et recueille les fruits de ses semis de 1968. En rejetant l'autorité, elle récolte le désordre. En repoussant toute référence aux valeurs de respect du maître, d'effort, d'honnêteté, elle se trouve confrontée à des cohortes d'élèves déboussolés qui tentent de lui imposer un modèle qui s'apparente à la jungle primitive.

Europe

Bruxelles. La Mecque de la pensée unique, qui aime serpenter dans les procédures, se lover dans les anfractuosités des immeubles gris et impersonnels.

Budget européen. Augmente plus vite que son ombre. En 1996, les eurocrates de Bruxelles, pour qui le mot « rigueur » n'est employé que pour caractériser le climat de la capitale belge, ont décidé d'augmenter de *plus de 8 %* le budget européen. La contribution de la France, elle, augmente de 7,3 %. On doit surtout remercier le « Paquet Delors II » qui a provoqué ces dérives.

Citoyenneté européenne. Porte d'entrée dérobée de l'immigration. La Commission européenne a publié une longue communication faisant le point de sa politique d'immigration et d'asile. Elle oublie de présenter la moindre proposition concernant l'aide à la réinstallation dans le pays d'origine, mais multiplie les propositions dans le but d'aligner les droits des immigrants de pays tiers sur ceux des nationaux de l'Union européenne, et de « lever les conditions de nationalité » pour l'exercice de certains droits, ou l'octroi de certains avantages.

Sur cette lancée, le record a été battu au cours de l'été 1995 par le Commissaire européen chargé, paraît-il, de l'emploi, Padraig Flynn, qui s'est déclaré favorable à l'idée d'*accorder la citoyenneté européenne aux immigrés de pays tiers* résidant depuis un certain temps dans l'Union, même lorsqu'ils n'ont pas la nationalité d'un pays membre. Il faut savoir que cette « citoyenneté européenne » (création du traité de Maastricht) nous avait alors été présentée comme une innovation limitée, réservée aux nationaux des pays membres, et comprenant surtout la protection diplomatique, le droit de vote aux élections municipales et européennes, la circulation sans contrôle à l'intérieur de l'ensemble de l'Union.

La Commission européenne persévère dans son projet d'intégration tous azimuts. Pour y parvenir plus vite d'ailleurs, ne faudrait-il pas que les Européens fassent la moitié du chemin ? C'est ce qui semble ressortir des déclarations du président de la Commission, Jacques Santer, lequel a récemment confié au journal arabe *Al Hayat* : « Nous avons besoin d'un vaste programme en Europe pour accoutumer les Européens à une véritable connaissance de l'Islam. »

M. Santer pense-t-il vraiment que l'apprentissage des valeurs de l'Islam fournirait une solution, même partielle, à nos problèmes ?

Commission. Forge de Vulcain de la pensée unique. C'est là que sont ouvragées les pièces maîtresses. C'est là que siège le colloque des cooptés, à l'abri des peuples lointains et dérisoires. Les Commissaires gouvernent l'Europe, ils sont les « douaniers de la pensée » ; leur pouvoir est un pouvoir de vestibule. Un pouvoir de bout de couloir infini, le pouvoir des Ariane en manches de lustrine dans les labyrinthes administratifs.

Leur pouvoir est aussi un pouvoir d'entêtement, un pouvoir d'endoctrinement, mais surtout un pouvoir nouveau et puissamment narcotique : un pouvoir d'endormissement. On endort les peuples. On les berce de bonnes intentions. On les arrose de primes et de subventions. On achète le sommeil du Parlement européen. Et on ne réveille le Conseil des ministres que lorsqu'il est trop tard.

Grâce à Jacques Delors, la Commission a acquis ses lettres de noblesse. C'est elle — lui ? — qui a joué le rôle clé dans la dérive de la construction européenne. Comme gratification de ses efforts, les Allemands souhaitent même en faire un « gouvernement européen » (document Lamers, septembre 1994).

En vérité, la Commission apparaît toute-puissante uniquement parce que les nations ont abdiqué leur autorité. Depuis quelques années, Bruxelles s'est engouffrée dans le vide du pouvoir. L'armée de ses 19 000 fonctionnaires, commandée par 17 Commissaires tout-puissants (plus influents que nos ministres), accouche de quelque 7 034 actes législatifs (règlements, décisions, directives — chiffres pour 1994). Pour ajouter à cette domination, la Commission possède l'initiative des règles communautaires. Elle a même l'exclusivité des compétences commerciales de l'Union européenne : c'est elle qui va négocier à travers le monde, afin d'établir des zones de libre-échange (chères à Leon Brittan) scandaleusement déséquilibrées (ainsi, en 1994 : l'accord avec le Mercosur, l'accord avec les États-Unis...). La leçon de Blair House n'a pas porté.

Communautarisation. Néologisme eurocratique cachant la volonté d'enlever la capacité de décision aux réunions intergouvernementales décidant par assentiment, pour la transférer aux institutions communautaires, avec *monopole d'initiative de la Commission*, avis ou codécision du Parlement européen, et enfin vote à la majorité qualifiée au sein du Conseil.

Au cours de la préparation de la future Conférence intergouvernementale, la Commission et le Parlement européen, alliés comme d'habitude, ont proposé de surmonter les « lenteurs, les égoïsmes, voire les blocages » que générerait le système de décision fondé sur l'unanimité en matière d'immigration, grâce à une méthode prétendument « plus efficace », celle de la « communautarisation ».

En substance, le système du vote à la majorité représente, il est vrai, sur le papier, un « raccourci » de procédure, puisqu'il permet de faire plier la minorité. Mais où cela mène-t-il ? Sur des questions de souveraineté aussi sensibles que celles de l'immigration, il paraît invraisemblable que la majorité des États puisse imposer de force une décision importante à la minorité. Un tel système risque de faire exploser l'Europe, tout simplement.

Conférence intergouvernementale. Rendez-vous d'étape pour une nouvelle avancée vers le fédéralisme.

Prévue par l'article N du traité de Maastricht, cette conférence des représentants des gouvernements des États membres a pour objet d'apporter les améliorations nécessaires au bon fonctionnement de l'Union européenne. En réalité, elle va donner lieu à une épreuve de force, sur fond de crise économique, sociale et politique, entre les pays partisans d'un «bond en avant» fédéral et ceux qui veulent approfondir les coopérations entre les membres, mais sur une base strictement intergouvernementale, donc respectueuse des souverainetés nationales.

Dans la seconde catégorie se range la Grande-Bretagne, dans la première l'Allemagne. Celle-ci, consciemment ou non, trouve dans l'idée fédérale européenne un habillage commode de sa puissance. Entre les deux, la France hésite, sans gloire. Son déficit de volonté politique, ses déséquilibres budgétaires, sa langueur économique, son chômage chronique, ses blocages sociaux aggravés encore par la récente succession de crises placent en effet notre pays en position de grande faiblesse à la veille de l'ouverture de cette Conférence.

Dans un tel état, mieux vaudrait ne pas y aller. Nous avons tout à y perdre! Malheureusement, nos gouvernants, terrorisés à l'idée que la moindre hésitation de leur part pourrait être interprétée en Allemagne comme une prise de distance envers la monnaie unique, sont en train de courir dans le piège tête baissée.

Couple franco-allemand. Surtout ne plus parler d'Allemagne. La pensée unique ne pense qu'à ça, à ce couple, comme si le monde autour de nous n'existait plus. On peut d'ores et déjà deviner que, dans ce couple, c'est l'Allemagne qui porte la culotte.

En public, la pensée unique nous explique que le couple vivra d'amour. Le politiquement correct est intarissable sur les vertus inépuisables de cet attelage qui entraînera l'apothéose finale des États-Unis d'Europe.

En privé, la pensée unique laisse entendre que le couple vivra de raison : on ne songe plus alors qu'à « ficeler, encadrer, arrimer » une Allemagne que l'on juge trop puissante et pas assez fiable pour être livrée à elle-même. C'est pourquoi, dans l'échange des trousseaux, chacun des deux partenaires devra faire un geste, et se défaire de ce qui lui est le plus cher : l'Allemagne devra sacrifier son deutsche Mark, symbole suprême et diadème de reconnaissance pour son nouvel équilibre. La pièce sera fondue dans une monnaie unique qui sera cogérée avec la France.

À quoi l'Allemagne répond : la France devra quitter ses nippes de souveraineté, elle devra sacrifier la « coquille vide » de sa souveraineté, elle qui est aujourd'hui l'archétype de l'État-nation ; tout cela sera immolé solennellement sur l'autel d'une fédération européenne.

Cour des comptes européenne. Nous garde des fraudes et des abus. Contrôle tout dans le moindre détail à Bruxelles. En réalité, il s'agit d'une institution aveugle et impuissante qui multiplie les rapports-fleuves destinés aux archives.

Comme pour sa consœur française, les rapports de la Cour des comptes européenne brillent par l'absence de réaction des autorités nationales. Mais à la différence de l'institution française, le montant présumé des fraudes et abus est beaucoup plus élevé : une récente estimation d'un professeur de l'université de Fribourg les évaluait à 42 milliards de francs (soit la moitié de la contribution française au budget européen).

Encore une fois, on a trompé le citoyen en lui laissant croire qu'en faisant de la Cour des comptes une institution à part entière, le traité de Maastricht allait renforcer la lutte contre les abus et les fraudes. Le seul marché unique qui soit réalisé, c'est le marché unique des eurocrates et des fraudeurs.

E.C.I.P. Pour European Community Investment Partners. Instrument financier créé, en 1988, par la Commission européenne, officiellement pour faciliter la création, dans les pays en développement d'Asie, d'Amérique et de Méditerranée, d'entreprises conjointes qui contribueront au développement économique des pays concernés. Doté d'un budget annuel de 300 millions de francs, il sert à subventionner en réalité des entreprises européennes pour qu'elles puissent déménager leurs usines et leurs productions dans des pays à bas salaires.

La Cour des comptes européenne, dans son rapport de 1994, s'est montrée extrêmement sévère à l'égard de l'E.C.I.P. Elle dénonce notamment la Commission qui n'a jamais « été en mesure de fournir un chiffre sur les créations d'entreprises conjointes ».

L'E.C.I.P. est un accélérateur du chômage.

Grande-Bretagne. Nation excentrique où le refus de la pensée unique a pris des « allures de club chic » fréquenté même par la reine. Placée, en conséquence, au ban de l'Europe future. Non seulement elle a produit Margaret Thatcher, mais encore elle n'a pas joué le jeu de la monnaie unique.

Lors de la crise monétaire de 1993, elle a choisi de faire cavalier seul en refusant de continuer à lier le sort de sa monnaie à la Bundesbank. Entre la baisse du chômage et la monnaie unique, pour paraphraser Churchill, la Grande-Bretagne a choisi la baisse du chômage. Les leçons de morale anglaise ainsi prodiguées au couple franco-allemand justifient, à l'encontre de la Grande-Bretagne, anathèmes et maléfices.

Lobbies. Nouveaux agents de la démocratie correcte. Bruxelles est la capitale mondiale des lobbyistes, c'est-à-dire des spécialistes des pressions et manipulations occultes qui sont payés pour influencer les instances de décision. Leur métier est donc la pénombre, dans un petit monde interlope, au service d'intérêts particuliers.

La commission du règlement du Parlement européen a adopté, le 25 septembre 1995, un projet de rapport de Glyn Ford, travailliste britannique, visant à réglementer l'activité des lobbyistes à l'Assemblée. Près de 3 000 bureaux représentant des groupes d'intérêt sont actuellement actifs à Bruxelles, où une école pour lobbyistes a été ouverte l'année dernière.

Les intergroupes (il en existe près de 150 au Parlement européen) sont des structures informelles, sans budget institutionnel et sans reconnaissance officielle au sein même de l'institution. Ils regroupent des parlementaires intéressés par un thème commun. L'intergroupe présidé par Terry Wynn est relatif à une réorientation de l'agriculture. Il a essayé, à de multiples reprises, de démolir les politiques agricoles européennes. Je me suis procuré une note confidentielle qui montre que pour détruire la Politique agricole commune, les financiers occultes ont été divers groupes alimentaires. Question simple : qui commande à Bruxelles ?

Maastricht. Nom consensuel de la nouvelle Terre promise. Promise pour la fin du siècle. En attendant, prière de supporter les plaies d'Égypte : chômage, prélèvements, rationnement des soins... Nouvelle « ligne bleue des Vosges » des amoureux transis du couple franco-allemand. Seule ligne de fuite de la classe politique. Piste d'atterrissage de Philippe Séguin lors de son voyage d'abjuration à Aix-la-Chapelle, au cœur du Saint Empire romain germanique.

Parlement européen. Avenir de la démocratie correcte. En langage politiquement correct, on dit « l'institution démocratique par excellence : membres élus au suffrage universel direct, voix des 340 millions de "citoyens européens", contrôle démocratique de l'exécutif communautaire, participation active au processus législatif »...
La réalité est toute différente. Le Parlement européen est le « cache-sexe de la Commission ». Il ne joue qu'un seul rôle objectif, celui d'alibi des fédéralistes. Dominé par deux groupes politiques (socialiste et démocrate-chrétien) qui — tout en partageant le même objectif fédéraliste — règnent sans partage sur son fonctionnement. L'illisibilité des procédures rend incompréhensible la législation communautaire. Machine à voter des résolutions par centaines sans aucun effet.

89

Préférence (européenne). Quelle est la différence entre une tonne de blé, un grain de soja, un grain de riz ? On peut faire entrer en Europe une tonne de blé américain ou ukrainien, sans aucun problème, mais essayez de faire entrer un grain de soja en Amérique. Impossible. Essayez de faire entrer un grain de riz au Japon. Impossible.

Morale : il est des pays qui se protègent et qui proposent le libre-échange comme article d'exportation.

Printemps unique. L'appétit de pouvoir de la Commission européenne n'a pas de limites. Elle commande aux éléments et uniformise les saisons. Voulant interdire, au printemps, la chasse aux oiseaux migrateurs, elle a fixé autoritairement au 31 janvier la fermeture. Ce qui annonce l'arrivée d'un printemps unique de la Laponie aux rivages de la Crète.

Bruxelles applique désormais son mépris de la subsidiarité (voir ce mot) aux réalités de la nature et des éléments.

Schengen. Une des trois capitales intellectuelles, avec Bruxelles et Francfort, où a été « pensé » notre avenir. À Bruxelles est « pensée » notre démocratie, à Francfort notre monnaie, et à Schengen notre sécurité. Législateurs, banquiers et informaticiens dessinent les contours de l'Europe future.

Ainsi a été engagée une aventure risquée : celle de la suppression des frontières en Europe. En application stricte de « la libre circulation ». Il a donc été décidé, plutôt que de renforcer les frontières extérieures de l'Europe, de retirer les services de sécurité des frontières terrestres intérieures : polices des frontières, gendarmerie, douanes. Les Pays-Bas, l'Allemagne, la Belgique ont appliqué à la lettre l'esprit de Maastricht et de Schengen. Il n'y a plus aujourd'hui de surveillance des frontières, dont on voulait d'ailleurs voir disparaître jusqu'aux symboles, jusqu'aux poteaux indicateurs.

C'est la grande pagaille. Le seul marché unique qui fonctionne correctement aujourd'hui, c'est le marché des clandestins, le marché de la contrebande et celui de la drogue.

Subsidiarité (principe de). Effet de manches des eurocrates leur permettant de mettre leur nez dans les détails de notre vie quotidienne. Procédé eurocratique consistant à imposer des directives à propos de dossiers relevant d'autres instances.

Conduisant en 1989 la liste R.P.R.-U.D.F. aux élections européennes, Valéry Giscard d'Estaing avait proposé — en réponse à ceux qui s'inquiétaient de la propension de la Commission de Bruxelles à vouloir trancher de tout — d'ériger la subsidiarité en principe de répartition des compétences : il s'agissait de laisser traiter chaque dossier par les responsables les plus proches. Les eurocrates de la Commission et ceux du Parlement européen, s'inspirant de la règle d'or des Shadoks — « Pourquoi faire simple quand on peut faire compliqué ? » —, ont infléchi la théorie giscardienne en prenant la subsidiarité dans son sens bruxellois et technofutile originel : il s'agit, pour eux, de consacrer temps, énergie et crédit à l'accessoire, de la courbure de la banane au stress des asticots.

Exemple : la Commission européenne a décidé de s'intéresser au *shalacocrocorax carbo sinensis*, appelé plus simplement par les marins « cormoran noir ». Elle prend une directive assurant la protection, au niveau européen, de cette espèce en voie de disparition. Fort bien. Faute de régulation locale, les 30 000 cormorans d'Europe de 1979 sont devenus, quinze ans plus tard, 650 000, consommant chacun 500 grammes de poisson par jour. Imaginez les ravages dans les étangs, les rivières et les bassins piscicoles !

Famille

Allocations familiales. Seule espèce d'allocations en voie de disparition. Alors que les allocations de toutes sortes se sont multipliées ces quarante dernières années, les allocations familiales, qui représentaient 28 % des prestations sociales en 1959, n'en constituaient plus que 13 % en 1990. En 1946, les allocations familiales couvraient 63 % du coût de l'enfant d'un ménage au revenu moyen. Elles n'en couvrent plus, en moyenne aujourd'hui, que 20 %. Et une nouvelle « avancée » s'annonce. Le gouvernement Juppé, dans son plan de réforme de la sécurité sociale, a proposé avec une pépite de démagogie politiquement très correcte, de taxer les allocations familiales alors que toutes les statistiques montrent la perte du pouvoir d'achat des familles et que toutes les analyses indiquent une grave crise de la démographie et de la famille. Ce projet n'a guère provoqué d'émoi dans le monde politique et médiatique.

Les allocations familiales ont dès l'origine été conçues pour être versées en fonction des services

que rendent les familles à la société et non en raison de leur niveau de vie. Il ne s'agit pas d'une
mesure de redistribution entre les familles riches
et les familles pauvres, mais d'une mesure de justice entre ceux qui font le choix d'élever des
enfants et ceux qui n'en ont pas.

Au moment où le gouvernement Juppé a décidé
d'imposer les allocations familiales, il créait « la
jupette ». Est-ce le rôle de l'État de prendre aux
familles qui élèvent des enfants, pour subventionner ceux qui achètent des voitures ? C'est certai-
nement plus correct politiquement, plus médiatique dans l'instant, mais moins efficace pour lutter
contre « la fracture sociale ». Ainsi choisit-on la voie
facile, balisée par la pensée unique, qui multiplie
les mises en garde : « Attention aux dérives du mot
famille. Attention à l'ordre moral ! » C'est ainsi que
l'ordre règne sous les verrières des hémicycles et
sur les plateaux du 20 heures.

L'ordre moral à rebours.

Avortement. Débat n'étant plus à l'ordre du jour,
le monde politique respecte avec scrupule la consigne de silence. Toute personne qui enfreint cette
consigne est vouée au silence médiatique pour
« comportement fascisant » (France 2, « Envoyé spécial »). Depuis l'été 1995 et le changement de majorité, on a même franchi un cran supplémentaire :
au cours de la séance de l'Assemblée nationale du

28 juillet 1995, le garde des Sceaux, Jacques Toubon, a solennellement annoncé que sa principale préoccupation était d'enterrer le débat sur l'avortement. Et il a ajouté cette perle qui mérite de figurer en bonne place dans un « dictionnaire du politiquement correct » : « L'avortement est considéré aujourd'hui comme *un de nos acquis.* »

Il y avait les *acquis sociaux*, il y a désormais les *acquis moraux.* Qu'est-ce qu'un acquis moral ? Un droit, en l'occurrence celui de « disposer de son corps ». La boucle est bouclée au terme d'une évolution qui aura pris vingt ans.

En 1975, lorsque la loi Veil fut votée par le Parlement, l'avortement était considéré comme un acte d'une extrême gravité, limité à des cas tout à fait exceptionnels. Depuis quelque temps, le Planning familial cherche à étendre le champ d'application de cette loi pour motif de détresse jusqu'au sixième mois et demande que soit supprimée « la clause de conscience » qui permet au personnel hospitalier de ne pas pratiquer d'avortement en raison de ses convictions personnelles.

Nous voici placés désormais sous le signe de la « morale procédurale » : ce qui est légal est moral, ce qui est illégal devient immoral.

Codaccioni (Colette). Parlementaire politiquement incorrecte devenue ministre politiquement correcte. En pure perte.

Lorsqu'elle entre dans le gouvernement Juppé, cette sage-femme, mère de famille, député R.P.R. du Nord, a tout pour déplaire : sa profession, tournée vers la vie, son attachement à la famille, qu'elle considère comme « le pivot de la société » et à laquelle elle a consacré un rapport parlementaire (qui porte en exergue un extrait de l'*Ave Maria*, « le fruit de vos entrailles est béni ») remis à Edouard Balladur qui l'a enterré pour incorrection politique : elle recommande une politique familiale véritable, et notamment l'instauration d'un salaire parental.

Sous la pression du Premier ministre, Colette Codaccioni voit son pré carré soigneusement délimité par des balises politiquement correctes. Elle souhaite un portefeuille de la Famille, voire de la Vie, deux notions d'une incorrection indicible : elle se résigne à la Solidarité entre les générations. Elle veut relancer le salaire parental promis par Jacques Chirac : on lui demande d'y mettre une sourdine. Elle accepte de renoncer à tout ce à quoi elle croit.

Ces humiliations consenties ne l'empêcheront pas de figurer parmi les victimes du remaniement gouvernemental, en novembre 1995, puis de perdre la direction de la fédération R.P.R. du Nord dans la semaine qui suit. Tant il est vrai que l'incorrection politique, même lorsqu'elle donne lieu à une abjuration en public, n'ouvre droit à aucune mansuétude.

Couple homosexuel. Avenir de l'homme. Le bureau du conseil municipal de Saint-Nazaire, dirigé par le socialiste Joël Batteux, a décidé le 4 septembre 1995 de délivrer des certificats de concubinage aux couples homosexuels. L'adjoint chargé de l'état civil explique : « Nous sommes dans une ville de vieille tradition laïque et républicaine, nous respectons le droit à la différence et vivons avec notre temps. »
Plusieurs maires de gauche suivent, et le député Georges Sarre dépose une proposition de loi en ce sens.

Famille. Incorrection de langage. Expression caractéristique de l'archéologie vichyssoise. Le terme politiquement correct est : « couple hétérosexuel avec progéniture », c'est-à-dire une « catégorie imposée par la civilisation patriarcale impérialiste ».

Femme libérée. Femme « occupée », mais hors de chez elle. Une femme occupée chez elle est une femme inoccupée — ce qui n'est pas sans rappeler l'éternel féminin de l'Occupation. Une femme occupée à élever les enfants des autres, par exemple dans une crèche, devient une femme libérée.
Ce terme de « femme libérée » est utilisé dans les

magazines féminins chic et les hebdomadaires branchés, qui illustrent cette situation par des portraits d'avocates, femmes d'affaires, antiquaires, journalistes, cadres supérieurs, qui « s'éclatent » dans leur profession, conduisent avec maestria leur Austin et revendiquent le droit de « disposer de leur corps ». Les revues en question n'imaginent pas qu'il puisse y avoir aussi des femmes qui travaillent parce qu'elles ne peuvent pas faire autrement et qui ne s'éclatent pas forcément en usine, au bureau ou dans le métro aux heures de pointe. En réclamant un salaire parental ou une allocation de libre choix qui permettrait à toutes les femmes de choisir leur itinéraire professionnel, éducatif, familial, quelques hommes politiques aventureux sont accusés de « remettre en cause la libération de la femme ».

Genre. Depuis la conférence de Pékin, il n'y a plus deux sexes : le masculin et le féminin. Selon les conclusions des experts du mondialement correct, ce partage de l'humanité ressortissait en effet à un très ancien préjugé oppressif. Désormais, on parlera de genre. Au Parlement européen, les intervenants se conforment à cette nouvelle logomachie. Il existe donc cinq genres :
hétérosexuel mâle,
hétérosexuel femelle,
homosexuel mâle,

homosexuel femelle,
transsexuel.
Ces cinq genres sont non seulement équivalents mais en voie d'égalité statistique.

I.V.G. Article de foi. En lettres d'or dans le nouveau catéchisme de la laïcité du politiquement correct. À cette aune-là, quelqu'un qui est hostile à l'I.V.G. est perçu comme profondément amoral.

Mutants. Un nombre croissant de Français. Dans son dernier rapport, la Cofremca, observatoire de nos modes de vie, constate de grandes évolutions. On trouve de plus en plus d'«extra-sociaux» — avec de nouveaux rapports à l'amour et au travail —, qui faussent les statistiques. De plus en plus nombreux sont les « mutants », c'est-à-dire des Français qui vivent hors des genres d'existence traditionnels. Par exemple, ils ne sont classés ni parmi les mariés ni parmi les célibataires, etc.
Que signifie cette secousse tellurique pour l'équilibre affectif de la société à venir ? Je pense en particulier aux enfants de cette mutation, qui sont, pour le mode de pensée classique, des martiens affectifs. Que deviendront-ils alors qu'on compte déjà 1,5 million de femmes seules qui élèvent aujourd'hui 3 millions d'enfants ?

Personne humaine potentielle. Embryon selon la définition du Comité national d'éthique. Or, l'embryon est un être humain dès sa conception. Il a, c'est vrai, l'irrémédiable faiblesse, par rapport aux esclaves du passé, d'être silencieux, d'être invisible sauf en éprouvette ou à l'échographie et de ne pas avoir une forme susceptible d'émouvoir la pitié.

Ainsi définit-on une catégorie infrahumaine dans l'humanité. On s'autorise à traiter ses membres comme des « objets » sur lesquels on peut faire des expériences ; qu'on peut céder, fût-ce gratuitement, comme des biens disponibles, et qu'on peut même, s'agissant de cette « nouvelle catégorie d'"esclaves" », garder à sa disposition pour le jour où l'on en aurait besoin : en les congelant. On s'habituera progressivement par glissements successifs, de diagnostic prénatal en diagnostic génétique, à intervenir de plus en plus méthodiquement dans la conception de l'être humain. Après la sélection de la « race », voici venir la *sélection de « l'espèce »*.

Depuis vingt ans, les progrès en embryologie sont considérables. On ne peut plus soutenir, comme en 1975, que l'enfant à naître est une partie intégrante du corps de sa mère. Le Conseil de l'Europe en a tiré une conclusion nette : « Dès la fécondation de l'ovule, la vie humaine se développe de manière continue, si bien que l'on ne peut faire de distinction au cours des premières phases de son développement et qu'une définition du statut biologique de l'embryon s'avère nécessaire. » En d'autres termes, les progrès de la science amènent à cette nouvelle conclusion : la nature humaine de l'être humain, depuis la conception jusqu'à la vieillesse, n'est plus une hypothèse métaphysique, c'est une évidence expérimentale.

Ce n'est plus une question de foi, c'est une question de bonne foi.

Salaire parental. Cette idée, qui pourrait être socialement utile, est considérée comme politiquement incorrecte bien que Jacques Chirac ait proposé, en février 1995, d'instaurer une allocation de libre choix. En effet, la France doit rester un « pays progressiste », c'est-à-dire un pays où l'on a le droit d'être payé pour garder *des* enfants à condition que ce ne soit pas *les siens*.

Institutions

Défense nationale. Survivance institutionnelle destinée à faire croire aux Français que leur pays joue encore un rôle dans le monde. Ses crédits sont progressivement rognés, « pour percevoir les dividendes de la paix », selon la formule de Laurent Fabius.

Pourtant, la défense nationale est un élément constitutif de la souveraineté. Et il y aurait quelque naïveté à faire croire aux Français que nous sommes entrés pour toujours dans une sorte de nirvana pacifique. Un monde sans ennemi du moment n'est pas un monde sans danger. La dissémination des armes nucléaires, l'arc électrique de l'islamisme figurent parmi les dangers du siècel suivant. La défense nationale est plus que jamais nécessaire.

E.N.A. Temple de la pensée unique. Séminaire d'initiation à l'eugénisme lexical, avec ateliers intégrés de moulage pour le tour d'esprit et laminoir sémantique, avec machine à compression synthétique. On y entre avec 500 mots, on en sort avec 50 : « hexagonal », « commission », « dialogue social », « consensus », « monnaie unique », « famille recomposée », « couple franco-allemand ».

Je me souviens, en juin 1977, d'une épreuve de « psychosociologie de groupe » que nous appelions « le pédalage en groupe ». Il s'agissait d'un exercice improvisé, à quatre ou cinq, « d'expression libre » à partir d'un thème littéraire ou politique. Il fallait, pendant une bonne demi-heure, « pédaler de conserve ». Le jury détectait ensuite, et notait sur une échelle de 1 à 5, les animateurs, les suiveurs, les coordinateurs. Il s'agissait de la note de comportement psychosociologique.

Il faut supprimer l'E.N.A. Cette école a donné naissance à une caste politico-administrative coupée du peuple. Il serait prudent, pour la nation, de substituer à ce recrutement uniforme un recrutement direct des corps de hauts fonctionnaires par des concours séparés.

Jury populaire. Jadis pilier de la justice démocratique : les Assises. Politiquement incorrect de par sa composition car soupçonné d'être « imprégné d'idéologie sécuritaire ». L'actuel garde des Sceaux réfléchit à un projet de réforme qui réduirait son rôle.

Ministère de l'Intégration. Le 26 mai 1995 sur France-Inter, la journaliste Annette Ardisson demande à Éric Raoult de bien vouloir donner la traduction des nouveaux intitulés ministériels. Réponse torsadée du ministre qui se love autour du micro afin de ne pas avoir à prononcer le mot « immigration » : « Le ministère de l'Intégration, c'est le ministère des Affaires sociales, exception faite de la Santé. » Pour ne pas avoir à parler de l'immigration — mot sulfureux et qui à lui seul peut compromettre une carrière —, on pèse des œufs de mouches dans des balances de toiles d'araignées. On contourne. On dilue. On se noie dans un océan de précautions pour ne pas se mouiller.

Ministère de la Solidarité entre les générations. Dénomination ministérielle en langage politiquement correct du ministère de la Famille.
Ministère passé à la trappe dans le gouvernement Juppé II, à la suite de la correction fraternelle administrée à Colette Codaccioni.

M.P.F. (Mouvement pour la France). S'il est vrai que le mot « France » a encore de l'avenir, le M.P.F. est le seul mouvement politique qui ait

choisi le mot « France » comme l'élément constitutif de son identité.

S'il est vrai que l'avenir est à la pauvreté des partis, le M.P.F. est le parti qui a le plus d'avenir.

Parlement. Toujours en voie de réhabilitation.
Assemblée honorifique dans la nouvelle démocratie des experts. Se voit dépouiller, au fil des jours,
par la Commission européenne de Bruxelles, du
pouvoir de faire la Loi en France. Spécialisé, par
une sorte de compensation psychologique, dans le
vote des déficits de la loi de Finances.

Ses succès répétés dans la lutte contre le déficit
budgétaire de l'État (300 milliards de francs de
déficit prévu pour 1996) lui ont valu récemment
de se voir confier (plan Juppé) la gestion directe
du déficit de la sécurité sociale. C'est comme si on
décidait, pour faire disparaître le déficit de la
R.A.T.P., d'en confier la gestion à la S.N.C.F. !

Partis. Quatre, pas plus. La société médiatique
audiovisuelle ne veut connaître de la vie politique
que les porte-parole des partis, eux-mêmes reconnus comme interlocuteurs exclusifs par le Conseil
supérieur de l'audiovisuel.

C'est pourquoi les dîners en ville du quadrilatère
du commentaire organisent la rencontre convi-

viale entre le politiquement correct et le médiatiquement correct. La partitocratie est ainsi parvenue au degré zéro de l'écriture politique.

Référendum. Démocratie souvent incorrecte. Risque de populisme. À utiliser avec parcimonie et circonspection. Bien qu'il soit consubstantiel à la Vᵉ République, le référendum fait peur. La gauche le rejette car elle craint une majorité pour le rétablissement de la peine de mort ou contre l'immigration ; la droite a peur d'être dénoncée par la gauche.

Parler de référendum d'initiative populaire ou de référendum étendu aux problèmes de société, c'est encourir le risque d'être qualifié de « populiste », voire de « fasciste ».

L'appel au peuple n'est pas à la mode. Il n'est pas correct.

Religion. Doit être strictement cachée, cantonnée à la vie privée. En France, toute allusion aux choses de la religion, tout signe ostentatoire sont aujourd'hui tenus à l'écart de l'espace public. Les cariatides du temple laïc se souviennent de la célèbre apostrophe de Viviani : « Nous avons éteint, dans le ciel, une à une, les étoiles de la religion... On ne les rallumera plus. »

Pourtant, le fait religieux résiste. Ses signes et ses symboles reviennent, dans les grandes occasions, sur la place publique. L'exemple du parcours de François Mitterrand est, à cet égard, significatif : il naît dans la religion catholique, il s'initie au militantisme à la conférence Saint-Vincent-de-Paul, il est élu sur une affiche de clocher de paroisse, il est enterré dans l'église de son baptême, selon ses dernières volontés. Le curé de Jarnac dira à la télévision, la veille des obsèques : « Il sera enterré dans cette église, sans plus de protocole que n'importe quel autre... chrétien. »

Devant ce retour aux sources et cette sépulture au pays de l'art roman et des cathédrales de verdure, personne n'a crié au scandale en parlant d'une cérémonie ostentatoire. Celui qui veut, au nom d'une laïcité érigée en absolu, anéantir les religions, récolte les sectes ou le fanatisme.

Sommet. Mot à employer lorsque la France est au plus bas. Expression d'usage : « Ce qu'il nous faut, c'est un véritable sommet social. » C'est-à-dire un sommet d'hypocrisie médiatique.

S.O.S. Racisme. Bras séculier du nouveau moralisme. Le 11 décembre 1995, lors du dîner annuel de soutien des « parrains et marraines » de S.O.S.

Racisme (à 1 000 francs le couvert), François Mitterrand s'était fait représenter par sa femme, mais le ministre de l'Intégration, Éric Raoult, était présent. Le maire R.P.R. du Raincy a même poussé le zèle jusqu'à poser pour les photographes devant un panneau fustigeant les lois Pasqua contre l'immigration.

Media

« Bas les masques ». Émission de télévision du service public. À regarder en famille. Célébration
hebdomadaire de la victime souffrante. Impudi-
quement correct.

Dans cette liturgie hebdomadaire, Mireille Dumas
est le médium, l'inspiratrice inspirée. Elle remet
les péchés et efface les misères affectives. Elle
pose, de sa main délicate, un baume rhétorique
sur les plaies béantes des minorités en détresse :
les célibataires, les gros, les femmes battues, les
nains, les transsexuels, les meurtriers malgré eux,
les collectionneurs maniaques de papillons à
vapeur...

Voici venir les animateurs du nouveau service
public de la nouvelle télévision. Voici venir le nouvel ordre moral. Voici venir le nouvel ordre sacer-
dotal, l'ordre des confesseurs souffrants. Voici
venir Mireille Dumas qui s'avance vers le zoom,
comme une sorte de Thérèse d'Avila de la religion
cathodique.

À Thérèse d'Avila, on payait quelques ducats pour

qu'elle poursuive sa mission. À Mireille Dumas, on paie la redevance pour qu'elle poursuive son émission.

Autres temps, autres mœurs.

Communication. On ne s'est jamais si peu parlé. On n'a jamais autant communiqué.

Complicité. Selon les dictionnaires courants, participation intentionnelle à la faute, au délit, ou au crime commis par un autre. Entente profonde, accord, connivence. Dans le langage « correct », il est cependant inconvenant de dire : « Il y a une extrême complicité entre les hommes politiques et les journalistes. »

C.S.A. (Conseil supérieur de l'audiovisuel). Efficace corps de garde du *médiatiquement correct*. C'est à cette haute autorité magistrale qu'a été confié le rôle ingrat de veiller au « respect de l'expression pluralistc des courants de pensée et d'opinion », c'est-à-dire à l'application de la fameuse « règle des trois tiers », une norme qui remonte à une directive du conseil d'administration de l'O.R.T.F. ! Le premier tiers est attribué au gouvernement; le deuxième tiers, à la majorité parlementaire, au sens des forces politiques représentées, à l'Assemblée nationale, par un groupe parlementaire (donc l'U.D.F. et le R.P.R.); et le troisième tiers, à l'opposition parlementaire, au sens des groupes parlementaires de la gauche.

Malheur à celui qui n'entre pas dans un des trois tiers du fromage.

Personne n'est en mesure de changer la norme de l'O.R.T.F., elle arrange trop de monde. On est entre soi à l'antenne.

Quand la partitocratie médiatique ne représentera plus grand-chose, il ne restera, au royaume des correcteurs d'images, sous le patronage d'Ubu, qu'à inventer la règle des *quatre tiers*.

Dialogue. À employer lorsque l'on n'a plus rien à se dire. Expression d'usage : « Le temps est venu d'ouvrir le dialogue. » Exemple : « Jacques Barrot s'efforce d'ouvrir le dialogue avec les syndicats » (*Le Monde*).

Fondation Saint-Simon. La Mecque du politiquement correct à la française. Alain Minc en est le grand mufti. Rien ne se fait dans l'État, dans le secteur public, dans les milieux médiatiques sans son estampille. Décide qui est fréquentable dans les milieux politiques, économiques, intellectuels et médiatiques. Décide aussi qui n'a pas bon genre.

Geste de solidarité. Exercice rituel de la société médiatique, nouvel ordre moral quand le prochain devient exotique et le lointain familier. Il s'agit d'un moralisme à rebours.

La société médiatique et la société d'assistance sont l'endroit et l'envers de la même société de procuration, impersonnelle et désocialisée. On parle bien souvent d'un geste solidaire alors qu'il s'agit d'un transfert obligatoire. Bonheur par transfert. Amour par transfert, tout cela rappelle le concept « d'amitié obligatoire » de Saint-Just.

Cette inversion des valeurs n'est pas immorale. Elle est amorale. Une société devient amorale lorsque l'amour devient un bien public, distribué par l'État ou par les fermiers généraux de la redevance qui est un impôt d'État.

Guignolisation. Utilisation savante de la confusion bien actuelle entre l'esprit de sérieux et l'esprit de dérision, confusion saluée par tous les tenants du rire correct. La guignolisation de la société politique est le stade ultime d'une évolution qui s'est déroulée en trois étapes :

1. La société politique est avalée, engloutie par la société médiatique. Les réflexes du discours politique font écho aux stimuli du langage médiatique.

2. La société médiatique est elle-même avalée, engloutie par l'audiovisuel. Il n'y a d'événement politique ou de parole retenue que s'il y a « sujet du 20 heures ».

3. Les Guignols deviennent les éditorialistes de toute la société du commentaire, c'est-à-dire les prescripteurs, les censeurs — devrais-je ajouter « les précepteurs » car ce sont les jeunes qui sont leur première cible. Ils construisent et désarticulent. Ils sont les nouveaux maîtres chanteurs. Tout le monde s'incline. L'image de la marionnette s'impose au personnage en pied. Le « médium est le message ». La marionnette est le modèle. Le personnage réel n'en est plus que l'illustration fade, lointaine et caricaturale. Le personnage n'est plus qu'une pâle imitation, une copie grossière et sans relief.

« **Haine (La)** ». Un chef-d'œuvre du politiquement correct. Film qui fait l'apologie de la délinquance et de la violence dans les banlieues. Projeté en soirée de gala aux jeunes de l'université du C.D.S.

Peur. Balle de gros calibre utilisée dans l'expression : « Vous jouez sur les peurs. » Ce qui veut dire, dans le jargon de l'intellocratie : « Vous utilisez les peurs des gens simples », la peur de la mondialisation qui viendrait broyer leurs emplois, arracher les paysans à leur terre ; la peur des technocrates qui viendraient mettre le tracassin dans les ateliers et les boutiques, la peur des attentats, la peur du regard des enfants devant une société désemparée, la peur de l'avenir tout simplement.
En face de cette peur, en face de ce tracassin, que trouve-t-on ? Le jacassin médiatique.
Ce ne sont pas les peurs qu'il faut traiter. Ce sont les raisons de la peur : désertification, précarité, insécurité, paupérisation de la classe moyenne salariée, etc. Sous les nuages de plomb qui assombrissent l'horizon, ce n'est pas avec de la musicothérapie sous les platanes qu'on guérira les peurs. C'est en voyant dans le ciel se dessiner le bleu d'une culotte de gendarme que les gens seront rassurés.
Si les éditorialistes du jacassin médiatique devaient être payés au cachet de vérité et au poids d'idées justes mesurées dans une année de bavassage, ils basculeraient du côté de la peur. La peur du chômage technique.

« **Pocahontas** ». Forme la plus achevée de la filmographie correcte aux États-Unis. Ce dessin animé illustre la crise du cinéma américain : à force d'être « lissé » par peur des réactions des « minorités » de toutes sortes, il risque de n'avoir plus aucune personnalité.

Avec son dernier-né, le groupe Disney n'a pas voulu s'attirer à nouveau les foudres des censeurs de la *political correctness*, qui se sont acharnés sur *Le Roi Lion* et *Aladin*.

Pour le premier, il y a eu des plaintes sérieuses : la règle des quotas ethniques n'avait pas été suffisamment respectée pour les acteurs qui prêtent leurs voix à ce récit ne mettant en scène que des animaux. Même chose pour *Aladin*. Les associations d'Américains d'origine arabe avaient jugé racistes les paroles d'une des chansons du film et contraint le producteur à les modifier lors de la sortie en vidéo.

Inspiré d'un événement authentique, *Pocahontas* a été conçu dans une logique de parfaite orthodoxie politiquement correcte : c'est une bluette écologique, féministe, libérale, avec de bons Indiens, des méchants Blancs racistes et cupides, une héroïne « libérée », symbole de tolérance, de pacifisme, de respect de l'environnement et de pluriculturalisme. Personne n'y a rien trouvé à redire. Sauf les spectateurs américains, qui ont manifestement — les chiffres de fréquentation des salles le prouvent — pris moins de plaisir au dernier Disney.

Redevance audiovisuelle. Subvention versée par les contribuables à des animateurs de France 2 pour leur permettre de créer leur maison de production, qui facture des programmes au-dessus du prix du marché à la chaîne qui les emploie (cf. rapport Griotteray).

Trottoir. Diminutif de « micro-trottoir » ou « enquête-trottoir ». Série de réactions de Français recueillies dans la rue, naturellement au « hasard », et qui, en deux ou trois témoignages, est censée représenter fidèlement l'état de l'opinion sur des sujets aussi divers que la sécurité sociale, l'équipe de France de football ou le dernier film de Steven Spielberg. Statistiquement incontrôlable, et politiquement douteuse, cette pratique journalistique est à ranger sous l'expression générique « faire le trottoir ».

Veyron (Martin). Viré. Dessinateur inconsciemment incorrect. Le politiquement correct ne supporte l'humour que s'il est à sens unique. André Rousselet, intime de François Mitterrand et promoteur des *Guignols de l'info* lorsqu'il dirigeait Canal Plus, s'est chargé de l'apprendre à Martin Veyron, qui en ignorait les règles.
Cet auteur réputé de bandes dessinées s'était vu

confier dans *Infomatin* un espace humoristique dans lequel il commentait l'air du temps. C'est ainsi qu'un beau matin de décembre 1994, après l'annonce de crédits accrus pour la lutte contre le sida, les lecteurs d'*Infomatin* purent découvrir un dessin montrant deux chercheurs dans leur laboratoire. «Enfin un vrai budget, s'écrie le premier en exhibant un chèque. On va le trouver, ce vaccin!» L'air désabusé, le second réplique : «Parce que pour l'instant on perd les pédales.» Ce jeu de mots allusif sur les rapports entre sida et homosexualité est souligné par un troisième personnage, un laborantin, qui tente un rappel à l'ordre «correct» : «Combien de fois faudra-t-il répéter que le sida concerne tout le monde?»

Ce dessin, de façon prémonitoire, était intitulé «Politiquement incorrect». Le lendemain même, le dessinateur Martin Veyron était licencié par André Rousselet : son dessin constituait, aux yeux de l'ancien directeur de cabinet de l'ancien président de la République, une véritable agression à l'encontre de la «communauté homosexuelle».

Vicomte. Signe distinctif. Utilisé en tant que tel dans la société de dérision pour disqualifier. À toutes les époques de l'Histoire, par manière de prévention contre telle catégorie sociale, telle catégorie ethnique, on a utilisé ce genre d'arme d'exclusion et de désignation vindicative. Chez les

Grecs cette arme portait un nom : l'ostracisme. L'image en était un tesson de poterie, qu'on brandissait après avoir inscrit dessus le nom de la personne bannie. Plus tard, on fera porter, selon la haine ou la peur du moment, non plus un coquillage mais un collier, une crécelle et jusqu'à un tatouage pour attirer la haine publique ou prévenir la fuite. L'étoile jaune imposée aux Juifs fut l'héritière de ces pratiques.

Cette manière de filtrer les regards vise à enfermer une catégorie de gens dans ce qu'ils sont pour ne plus avoir à entendre ce qu'ils diront.

Il se trouve, en outre, que le titre de vicomte, qu'on croirait lié à un fief, correspond historiquement à un commandement militaire territorial. Il n'a jamais eu d'autre portée que symbolique, soulignant un fait assez original dans la durée : pendant dix siècles, ce titre a voulu dire « s'est engagé de génération en génération à payer une catégorie d'impôt très particulière, l'impôt du sang, au service de la protection des Français les plus faibles ». Cet engagement d'honneur n'était pas juridique ; il était moral ; il était naturel. Mes deux grands-pères sont morts enveloppés dans le drapeau tricolore. « Vicomte » signifie « a servi », « a bien servi ». À qui viendrait l'idée de se moquer du Mérite national ou de la Légion d'honneur ?

La mémoire est l'instrument moderne de la lutte contre la dérision.

Politique

Alternance. Quand la *gauche* au *pouvoir* nomme quelqu'un de gauche dans un poste occupé par la droite. L'alternance est de gauche, la chasse aux sorcières est de droite.

Aménagement du territoire. S'emploie quand on assiste, impuissant, au déménagement du territoire. C'est le mot cache-misère utilisé pour n'avoir pas à regarder en face le désastre, l'écharpe du désert qui, de proche en proche, recouvre la France. Cette expression passe-partout est devenue un euphorisant à l'intention de tous les maires de France qui constatent, navrés, la lente traînée de la désertification, au rythme du libre-échangisme mondial.

Antiraciste. Militant aux yeux de lynx qui est chargé de faire du repérage et de la prévention

contre des types sociaux et ethniques à risques.
Exemples :
petit Blanc,
Blanc,
Français moyen qui écoute trop Barbelivien et qui se prononce contre la construction d'une troisième mosquée dans sa commune,
immigré assimilé qui se déclare contre la binationalité,
populiste,
homme politique qui prononce trop souvent les mots : nation, France, civilisation occidentale, immigration zéro.

Aujourd'hui, le fait d'être contre la monnaie unique peut vous faire suspecter assez vite d'être anti-Allemand, donc raciste. À titre d'illustration, il faut citer le discours prononcé au congrès du S.P.D. le 15 novembre 1995, par Klaus Hänsch, président du Parlement européen : « Les critiques de l'Union européenne ne se présentent plus en *skinheads* qui brûlent les foyers d'immigrés et les synagogues. Ils se déguisent et prétendent, avec un semblant de *political correctness* dans leur voix, qu'ils sont bien sûr pour l'Europe mais contre l'Union européenne. »

Argent sale. Expression utilisée par « les ennemis de la démocratie ». Pourtant, l'Américain Jeffrey

Robinson, auteur d'un ouvrage sur le blanchiment de l'argent de la drogue ou de la corruption, *Les Blanchisseurs*[1], explique que « les spécialistes de la lutte contre le blanchiment considèrent que l'Europe des accords de Schengen est ouverte aux *bad guies* — les blanchisseurs — et fermée aux *good guies*, les limiers des services anti-blanchiment, qui, eux, ont très mal vécu l'ouverture des frontières ». Bien que la France dispose d'un arsenal législatif qui lui permet de chercher l'argent sale, Robinson interroge : « Savez-vous par exemple que les bureaux de change français ne sont pas contrôlés ? »

Au même moment, le ministre français des Affaires européennes explique que la France ne remet pas en cause l'esprit de Schengen et qu'elle appliquera les accords de façon intégrale. Donc, entre l'idéologie de Schengen et la lutte contre l'argent sale, le gouvernement choisit l'idéologie. C'est « correct ».

Autorité. Discriminatoire et inégalitaire. Politiquement incorrect. S'exerce désormais en groupe, et par la concertation.

---

1. Presses de la Cité, 1995.

Binationalité. Question taboue. Il est interdit, dans la France d'aujourd'hui, sous le regard des vigiles de la pensée unique immigrationniste, d'ouvrir le débat. La France est le seul pays au monde où la question de la binationalité n'a pas accès à l'espace public. Pour devenir américain, il faut s'engager sous serment et déclarer notamment : « Je renonce absolument et totalement à toute allégeance et fidélité envers tout prince, pouvoir, État ou souveraineté dont j'ai été jusqu'à présent sujet ou citoyen... »
La binationalité est une anomalie car elle crée un conflit entre deux loyalismes. Or, en France, nous avons laissé se multiplier les cas de double nationalité au-delà du raisonnable : les binationaux sont au moins 1,5 million, peut-être 2 millions, et ils sont souvent loin d'avoir assimilé notre culture ; leur situation juridique ne les y encourage d'ailleurs pas.

Catholique. S'emploie si vous êtes contre le pape ; si vous êtes pour, le mot idoine est « intégriste ».

Cercle Vauban. Un must. Lieu où souffle l'esprit maastrichien, au-dessus des têtes d'Antoine et Simone Veil, qui y reçoivent. Y cohabitent notamment Alain Carignon (momentanément empê-

124

ché), Dominique Strauss-Kahn, Michel Barnier ou Patrick Devedjian. Il est de bon ton d'y dénigrer les appareils politiques, le gouvernement (quand Simone Veil n'en fait pas partie) et de s'impatienter des lenteurs de la construction européenne, mais pas n'importe laquelle : l'« Europe des nations » donne le haut-le-cœur.

Chasse aux sorcières. Quand la *droite* au *pouvoir* nomme quelqu'un de droite dans un poste occupé par un homme de gauche.

Chevènement (Jean-Pierre). Homme politique français très incorrect. Antimaastrichien viscéral. Considéré par ses congénères comme en retard parce qu'il est trop en avance. Esprit libre, vif, indépendant. Patriote. Il met la France au-dessus de la gauche.

Chrétien. Révisionniste à l'état virtuel et inconscient, selon l'émission « Envoyé spécial » du 16 novembre 1995 qui a osé proposer une équivalence entre christianisme et nazisme. L'idée sous-jacente serait d'imputer le crime absolu que constitue le génocide juif... au christianisme.

125

Cette incrimination est, historiquement, un contresens. En effet, ceux qui ont perpétré le crime nazi n'étaient pas des chrétiens et ne prétendaient aucunement agir en chrétiens. Tout au contraire, ils laissent, dans l'histoire, avec leurs complices marxistes, la trace de l'un des plus grands soulèvements antichrétiens de notre ère.

Cohabitation. Modèle idéal de gestion des affaires de l'État. Si cette « transition pacifique » pour une alternance optique est tant louée, c'est qu'elle permet une « transfusion de responsabilités ». Ainsi, la cohabitation a permis à la gauche de faire oublier la responsabilité des deux septennats socialistes, et de faire endosser, en quelques semaines, à la droite, ses propres échecs.

Collégialité. Décision à laquelle on se rend de ne pas décider à plusieurs ce qu'on se savait incapable de décider tout seul.
À rapprocher de :
Créativité : quand il n'y a plus de création.
Convivialité : quand il n'y a plus de repas.
Crédibilité : quand on n'a plus de crédit.

Communisme. Espoir. « Relooké » en synonyme d'avenir en Europe de l'Est, de la Pologne et la Hongrie jusqu'à la Lituanie et la Russie. La chute des régimes communistes est devenue la chance des idées communistes. Le marxisme redevient une doctrine innocente.

Que s'est-il donc passé pour qu'on en arrive à un tel paradoxe laissant présager le pire ? Deux fautes impardonnables ont été commises, que l'Histoire jugera sévèrement : premièrement, on n'a pas fait le procès du communisme, le procès de Nuremberg des dirigeants communistes ; deuxièmement, l'Europe a refusé d'entendre l'appel au secours lancé par Havel, Landsbergis et Walesa.

« Nous, on a fait le boulot, disait Lech Walesa, on a abattu le mur. À vous maintenant de faire le vôtre, de nous aider à reconstruire nos pays tout de suite. Ne refaites pas un autre mur avec Maastricht. » C'est pourtant ce qu'ont fait les Maastrichiens. Là où il fallait ouvrir les yeux, avoir l'esprit large, pour associer tout de suite les nouvelles démocraties de l'Europe centrale et orientale, on les a tenues soigneusement à l'écart, on s'est recroquevillé sur un petit moignon monétaire.

En fait, les technocrates ont toujours pensé que leur mission historique était de civiliser le communisme. D'où les cérémonies symboliques auxquelles beaucoup d'hommes politiques français ont participé en choisissant pour leur premier geste d'hommage à la Russie, dès leur descente

127

d'avion, d'aller déposer une gerbe sur le mausolée de Lénine. Ce fleurissement systématique était un aveu.

De même, quand Alexandre Soljenitsyne a été expulsé d'U.R.S.S. en 1974, il s'est retrouvé en France pour plusieurs semaines, accueilli par son ami et éditeur Nikita Struve, avant de s'envoler pour les États-Unis. Beaucoup de gens pensèrent alors qu'il serait hautement symbolique que le président de la République, Valéry Giscard d'Estaing, fît un signe à cette grande figure de la résistance, sans doute l'un des hommes clés du XXe siècle. Contact fut donc pris avec l'Élysée. Les choses tardèrent. On sentait une hésitation, comme une réticence. Ce fut oui, ce fut non, ce fut presque oui, entre deux portes, discrètement. Et puis non. Les journalistes l'auraient su. Le président de la République fit savoir — par un message personnel oral et indirect de son ministre de l'Intérieur — qu'il « était en toute sympathie avec lui » mais qu'il lui était impossible de le recevoir eu égard aux « circonstances du moment ».

Et c'est ainsi qu'aujourd'hui, à nouveau, « les circonstances du moment » imposent la prudence : à nouveau, le communisme se lève à l'Est.

Consensus. Seule méthode de gouvernement. Autrement dit, façon élégante pour un gouvernement de droite de dire qu'il ne veut pas mécon-

128

tenter les syndicats, et qu'il fera la politique de l'opposition, en oubliant les promesses faites aux électeurs. La droite gère les affaires du pays, mais c'est la gauche qui continue à le commander intellectuellement.

Corruption. Celui qui veut la combattre s'attire inévitablement cette question : « Ne prenez-vous pas le risque de faire le lit de l'antiparlementarisme ? » En France, il est paradoxalement incorrect de réclamer que les élus aient les mains propres et que les partis ne brassent pas de l'argent sale.

En 1991, quand j'ai été le premier homme politique à m'élever, dans l'hémicycle, contre la corruption, au moment où éclatait l'affaire Urba, les socialistes ont bien entendu crié au complot politique. Mais tous les leaders de la droite — notamment au Parti républicain — m'ont demandé de « me calmer ». J'ai découvert peu à peu ce qui cimentait, toutes tendances confondues, le syndicat « des examinés et des examinables ». Les affaires judiciaires sur le financement occulte du P.R., les fausses factures du R.P.R. en Île-de-France m'ont ouvert les yeux sur des pratiques communes à toutes les grandes formations politiques : voilà pourquoi Michel Rocard a mis en œuvre une loi d'amnistie votée par le P.S. d'Emmanuelli et de Laignel, mais aussi par Gérard Longuet.

La nouvelle législation sur le financement des partis n'a pas empêché les affaires de suivre leur cours et les partis de tenter de se protéger, eux et leurs anciens mécènes. Quand quelqu'un est pris, on continue à dire, *mezza voce* : « Il a été imprudent »... C'est pourquoi j'ai été amené à écrire au garde des Sceaux, Jacques Toubon, pour le mettre en garde contre la modification de la notion d'abus de biens sociaux, ce qui pourrait apparaître comme une « amnistie déguisée ».

La lutte contre la corruption passe par quelques mesures simples et symboliques : une loi sur les « repentis » exonérant d'une partie ou de la totalité des peines encourues ceux qui révèlent des agissements condamnables ; la suppression de toute forme d'immunité parlementaire ; la création de juridictions financières spécialisées en matière de grande délinquance économique pour casser les réseaux du narcotrafic et du trafic d'influence, qui, bien souvent, utilisent les mêmes officines et les mêmes comptes étrangers. Leur mise en place devient maintenant une question de survie pour la démocratie.

Cosmopolite. Citoyen du monde Internet. Idéal du pédagogiquement correct, pour aller vers l'organisation d'un ordre démocratique mondial, détaché des nations. À la lumière de l'histoire récente, cette luciole de fraternité cosmique apparaît pour ce qu'elle est : une lubie.

Comment peut-on dresser de façon aussi idéologique l'idée de nation contre l'idée de cosmopolitisme ? Pour être universel, il faut être de quelque part. Une loi de l'échelle fait que la cité est trop petite et l'empire trop grand pour que puisse s'exprimer la démocratie. C'est la nation, aujourd'hui, et jusqu'à preuve du contraire, la nation seule, qui permet la participation de tous à la vie politique.

Démocratie. En parler le plus souvent possible. La pratiquer le moins souvent possible. C'est, par exemple, Raymond Barre, qui lors du colloque d'Aspen-France en octobre 1995 s'étonne : « Je n'ai jamais compris pourquoi on voulait faire accepter l'idée européenne par les opinions des pays concernés. » En d'autres termes, ces choses-là sont trop sérieuses pour être discutées sous le regard du peuple.

Aujourd'hui, en effet, nos institutions se sont fondues dans une sorte de *sfumato* artistique qui en sape les fondements. Tout devient flou dans l'esprit public. Les juristes, eux-mêmes perplexes, suspendent leur plume : l'expression « démocratie représentative » veut-elle dire encore quelque chose ?

Dérives. Elles interviennent dans le débat politique et sont nécessairement de droite ou d'extrême droite. Le politiquement correct ne peut envisager une dérive de gauche.

Droite. Frange de l'extrême droite (voir aussi gauche).

Écologiste. Partisan de la relève des générations pour ce qui concerne seulement les espèces végétales et animales.

Fasciste. Gaz incapacitant utilisé dans le débat médiatique pour immobiliser quiconque s'avance le long de la ligne rouge de l'«indépendance nationale» ou de la «sécurité des Français». Cette arme d'intimidation permet de nettoyer l'espace public de toute parole politiquement incorrecte. Ceux qui utilisent le mot «fascisme» à tort et à travers ont la fâcheuse tendance à le banaliser.
On a le droit de traiter de fasciste quelqu'un qui n'a jamais été fasciste, mais on n'a pas le droit de traiter de communiste quelqu'un qui est au Parti communiste.

Financement de la vie politique. Question qui ne regarde pas les citoyens. À régler entre les partis, l'État et... les contribuables. La nouvelle législation réserve la part du lion aux partis installés.

En 1995, les contribuables français ont versé 161 millions de francs au R.P.R., 155 millions à l'U.D.F., et 91 millions au P.S.

En face de ces grandes formations, les « partis naissants » sont réduits à la portion congrue. Une législation de janvier 1995, valable pour trois ans, accorde une aide de 2 millions de francs à toute formation qui aura reçu, dans une année, des contributions de 10 000 donateurs, dont 500 élus, répartis entre 30 départements..., toutes conditions qui exigent des frais d'intendance lourds et coûteux venant écorner sérieusement le montant de la subvention. Mais il faut bien que les partis naissants gagnent leur droit à l'existence, et, surtout, qu'ils dérangent le moins possible les partis installés du « consensus » !

Ainsi, le Mouvement pour la France, que je préside, ne recevra, en 1996, que 2 millions de francs seulement au titre de l'aide publique. Et encore, les parlementaires qui ont souhaité apporter leur quote-part n'ont pas été autorisés à le faire ! Sur la liste qu'on leur a soumise, figuraient en revanche le Parti pour la défense des animaux, le Parti de la loi naturelle.

Le financement des campagnes devrait reposer principalement, non sur l'argent des entreprises ou des contribuables, mais sur l'argent des citoyens, grâce à un système de participations volontaires qui soit clair, indépendant et civique : chaque citoyen devrait ainsi pouvoir réserver, chaque année, en franchise d'impôt, une partie de son revenu imposable, limitée mais significative, à la formation politique de son choix.

France (la). Trop petite. Va disparaître. Se fondre avec l'Allemagne et le Benelux pour être plus forte. Ajouter la formule : « Une France plus forte dans une Europe unie. »

« France » (le). Trop coûteux. A disparu. Devenu le *Norway*.

Franchouillard. Français préférant un journal télévisé de Jean-Pierre Pernaut à un débat sur Arte, arborant les couleurs de son équipe sur les tribunes d'un match de foot, versant un pleur quand retentit l'hymne national au Parc des Princes, avouant aimer son pays et les coutumes de son terroir.

Quand il habite en banlieue et souffre de problèmes de voisinage liés à l'immigration, le « franchouillard » est atteint d'idéologie sécuritaire ou du syndrome petit Blanc.

Autres dénominations : « bidochon », « blaireau », « chauvin » (terme vieilli).

Gauche. Rien à voir avec l'extrême gauche (voir aussi droite).

Individualisme. Alpha et oméga du politiquement correct. L'Amérique précède la France de quelques années, appliquant cette nouvelle doctrine de l'égalité absolue par l'indifférenciation radicale. Cet individualisme absolu finit par écraser l'individu. Croyant briser ses chaînes, il brise ses liens d'affection qui l'accrochent à la vie.

L'erreur consiste à croire que le libéralisme économique repose sur le libéralisme philosophique. En d'autres termes, que l'individualisme hédoniste du citoyen jouisseur est, dans la vie sociale, le juste complément de la performance, de l'attitude concurrentielle dans la vie économique. Or, c'est là que la société politique, apparemment réconciliée sur cette confusion, se laisse aller à un vrai contresens.

Il n'y a pas de vie économique, de vie juridique, de vie politique possibles sans code commun, il n'y en a pas de possibles si la société se dégrade en une poussière d'atomes — au sens du spot publicitaire caractéristique de la culture ambiante, « L'*égoïste*, modèle de l'homme parfumé », proposé au 20 heures par le pape Jean-Paul Goude.

La vérité, en l'occurrence, est exactement contraire à l'idée reçue. Le libéralisme ne peut exister que s'il repose sur des valeurs.

Lang (Jack). Ministre flamboyant culturellement correct. Il lui arrive quelquefois de refuser une émission de télévision.

Majorité. On distingue deux sortes de majorité politique. La majorité de gauche, qui a pour habitude de faire passer des lois de gauche. La majorité de droite, qui tente, avec maladresse et gourmandise, de faire adopter des lois de gauche.

Mitterrand (François). Pour lui, la correction et l'incorrection ont toujours été des notions relatives. Elles n'ont jamais relevé d'une question de principe mais du seul moment propice. Il fut,
au moment propice, haut fonctionnaire à *Vichy*,
au moment propice, décoré de la *francisque*,
au moment propice, l'ami du puissant *Bousquet*,
au moment propice, photographié avec *Pétain*.
Il entra, au moment propice, dans la *Résistance*.
Au moment propice, il créa l'U.D.S.R. qui faisait et défaisait les gouvernements de la IVe République.
Il fut, au moment propice, le défenseur passionné de l'« Algérie française ».
Il échappa miraculeusement à la Haute Cour, au moment propice.

136

Il devint à Épinay-sur-Seine, au moment propice, *socialiste*,

récupéra, au moment propice, un *clocher* pour son affiche électorale présidentielle,

enrichit ses amis et les lâcha, au moment propice, pour ne pas être éclaboussé,

quitta l'Élysée, au moment propice, pour susciter bientôt les premiers cortèges du regret.

De cet homme qui fut l'ami de Bousquet et le confesseur de toutes les gauches, on dira peut-être :

A rassemblé tous les Français, mais pas au même moment.

A essayé tous les défauts, en a gardé les principaux.

A essayé toutes les qualités, en passant par toutes les couleurs de l'arc-en-ciel.

En voie de béatification laïque.

Mondialisme. Négation, chère à la pensée unique, de la nation qui nous fait naître à la liberté. Le voyageur sans bagage, l'intellectuel sans racines, le passager sans mémoire sont tôt ou tard aspirés par les éthers de l'abstraction, la table rase, la liberté pure, la tentation nihiliste, et finalement happés par le vide totalitaire.

Prenons garde. Tout ce qui affaiblit la nation éveille le nationalisme, cette négation du monde qui nous entoure. Tout ce qui brime le sentiment national, tout ce qui mutile les attachements vitaux nourrit le nationalisme. Je citerai volontiers Jean Daniel : « Séparer le projet des hommes libres de la tradition, séparer la volonté de l'héritage, c'est trahir le génie français. La nation n'est pas seulement une tradition ou seulement un héritage ou seulement une volonté. Dès que l'on sépare les projets des souvenirs, surgit un universalisme qui nie le génie national. »

Nation. Idéal célébré quand il s'agit des peuples du monde entier (Tchétchénie, Tibet, etc.). Archaïsme dénoncé quand il s'agit des peuples de l'Europe. D'où la censure de l'expression : « L'Europe des nations. »

Négationnisme. Ne peut, bien sûr, concerner que la négation des crimes nazis. Et pourtant ! Quoi, les crimes du socialisme ? Quoi, 200 millions de morts ? Quoi, mettre Staline et Hitler dans le même paquet ? Quoi, faire un procès de Nuremberg en Éthiopie où Mengistu le socialiste serait condamné pour crime contre l'humanité comme s'il avait été nazi ? Quoi, comparer le grand Sartre avec Brasillach condamné et exécuté pour collaboration ? Expliquer, raconter les silences coupables, les discours tronqués, les «mensonges utiles» des voyages au paradis socialiste? Raconter par exemple comment les camions à gaz du N.K.V.D. à Moscou ont servi de modèles aux chambres à gaz? Comment les Soviétiques ont montré aux nazis la voie des déplacements massifs de populations déportées? Comment la Grande Terreur a servi de tronc commun aux deux doctrines et aux deux stratégies d'extermination?

Non, il n'est pas possible de raconter tout cela. Pas encore. «Ce n'est pas encore un sujet d'histoire.» Il faut attendre que l'objet soit refroidi. Il faudra alors arracher aux archives, un aveu colossal, terrible : la gauche a collaboré. 99 % des intellectuels ont cautionné, soutenu, aimé le système communiste. Chaque invitation à aller là-bas était une extase. Chaque récit était un conte. Chaque retour, une pâmoison.

Lorsque Édouard Herriot revient d'U.R.S.S., en pleine famine de 1933 — la fameuse famine qui provoqua 6 millions de morts —, il martèle, devant un parterre brûlant d'esprits fébriles qui croisent son regard de braise : «Ceux qui parlent de famine en Ukraine sont des *menteurs.*»

Relisons le télégramme envoyé en novembre 1940 par Earl Bowder, secrétaire du P.C. américain, à Pavel Pitine, chef des services du N.K.V.D. : «Pierre Cot souhaite que les dirigeants de l'U.R.S.S. sachent qu'il est prêt à remplir *n'importe quelle mission* et que, pour cela, il serait même prêt à changer sa position.» Vous avez bien lu?

139

Pierre Cot était ministre de l'Air dans le gouvernement de Front populaire.

Lorsque Philippe Sollers reviendra de Chine, il confiera qu'il a vu la grande, la vraie révolution, le bonheur. Il ne dira pas, il ne verra pas ce qu'on sait aujourd'hui, que les communistes ont progressé dans l'échelle de l'horreur. Les famines de Staline, c'était de 6 à 15 millions de victimes, la Chine, au moins 40.

Un chercheur courageux, Stéphane Courtois, directeur de recherche au C.N.R.S., a récemment mis les pieds dans le plat en estimant que les spécialistes de l'ex-U.R.S.S. se heurtent à « une sorte de négationnisme », certains milieux s'employant, selon lui, à *masquer* l'étendue des massacres et des crimes du socialisme réel.

Nominations. Le profil type du postulant à une fonction importante de l'État ou d'une entreprise publique est le suivant : maastrichien de stricte obédience, persuadé que la grandeur de la France (en attendant qu'elle devienne l'une des provinces de l'Europe fédérale allemande) se mesure à son P.I.B., à son niveau de déficits publics et au volume consistant de sa fonction publique ; enfin le candidat doit disposer de sympathies dans les milieux centristes, deloristes ou rocardiens.

Il est partisan du franc fort et a longtemps siégé dans diverses commissions d'experts ou cabinets ministériels. Il a fait l'E.N.A., mais se donne les gants d'ironiser avec un fin sourire en évoquant cette période de sa vie.

Il existe une autre filière de promotion : être un adversaire politique quand le gouvernement est de droite. Après le rocardien Christian Blanc à Air France sous Edouard Balladur, on a nommé sous Alain Juppé le mitterrandiste Loïk Le Floch-Prigent (baptisé, quand il était président d'Elf ou de Gaz de France, « Pink Floch » en raison de sa couleur politique), président de la S.N.C.F. : la droite aime bien faire appel à des militants de gauche pour avoir la paix... sociale dans les secteurs sensibles.

Ordre du jour. Point important dont on discute lorsque la France est en *désordre*.

Expression d'usage : « Sur le principe, nous sommes ouverts au dialogue. Encore faut-il que l'on s'accorde sur un ordre du jour... »

Ordre expert. Succède peu à peu à l'ordre démocratique. Partout, dans tous les domaines, les experts prennent la place du peuple ou de ses représentants. La différence qui existe entre l'expert et le politique, c'est que la pente naturelle de l'expert le porte à s'intéresser aux *moyens*, celle du vrai politique le porte à s'intéresser aux *fins*. Une société décline et meurt quand elle substitue les moyens aux fins.

Les politiques se dessaisissent au profit des experts, ce qui est une façon de fuir leurs responsabilités. Les hauts fonctionnaires se font ainsi les inspirateurs de la vie publique. Il est vrai que celle-ci est devenue une filière parmi d'autres de la fonction publique. Le pourcentage des députés fonctionnaires est considérable. C'est ainsi que s'organise un huis clos malsain : des ministres issus de la haute fonction publique face à des parlementaires qui viennent de plus en plus nombreux de l'administration ou des appareils de partis.

Cette primauté politique accordée à une caste dont la légitimité est fondée sur la peau d'âne et non sur l'expérience et l'élection a imposé une nouvelle idéologie dominante, qui évacue les notions de patrimoine, de passé commun, de vocation historique, d'ambition collective : tout est ramené à des chiffres, à des rapports statistiques (type Cofremca), à des étalonnages « qualité-prix ». Cette chape de plomb est d'autant plus pesante que ces experts appartiennent à des générations auxquelles on a inculqué la probable « fin de l'Histoire », le dépassement nécessaire du cadre national, le mondialisme et le fédéralisme planétaire.

Quand on est fonctionnaire et qu'on choisit la voie politique, on devrait *démissionner* de la fonction publique.

Ordre moral. Expression destinée à intimider quiconque voudrait s'aventurer dans les espaces fangeux de l'immoralité publique, la lutte contre la corruption. On le désignera immédiatement à la vindicte : « Ah, vous voulez établir un ordre moral ? » Accusation qui flotte dans l'air du temps comme un corps mort, entre les inondations de Mac-Mahon et les eaux de Vichy.

Il est pourtant facile de constater, au fil de l'histoire, que la morale est au moralisme ce que la générosité est au socialisme ; à confondre morale et moralisme, pour rejeter les valeurs, on risque d'imposer, sans y prendre garde, un ordre moral à rebours établi sur l'amoralité.

Patriote. Admirable lorsqu'il est kurde, cubain, bosniaque ou tchétchène. Très dangereux s'il est français.

Pensée unique. Brouet idéologique social-démocrate à la mode technocratique.

Politique. *Nec plus ultra.* La platitude rationaliste a ouvert la voie au pire des absolutismes, celui de

143

la suprématie incontestée du pouvoir politique considéré comme la source unique du droit, un droit conçu comme un système clos sur lui-même, où une loi réfractaire à toute morale naturelle dispose de la souveraineté infaillible pour tracer la frontière du moment entre le Bien et le Mal.

Lorsque l'on va aujourd'hui à Majdanek, en Pologne, comme j'ai eu l'occasion de le faire, on a comme le sentiment physique de la marque de l'aboutissement horrifiant des idéologies qui ont chassé Dieu et toute référence morale pour mieux pouvoir immoler l'homme. Je suis intimement convaincu que l'expulsion de toute transcendance des principes fondateurs de la cité, en soumettant l'homme au seul pouvoir de l'homme, a toujours été le pourvoyeur des messianismes et des sectarismes les plus trompeurs.

Populiste. A voté non au référendum sur le traité de Maastricht en 1992 et, depuis cette date, ne l'a jamais regretté. Pense qu'un gouvernement a besoin de la confiance.

Encore faut-il s'entendre sur le mot « confiance ». Pour la pensée unique, la confiance est nécessairement celle des marchés. Le populiste comprend le mot « confiance » autrement. Pour lui, c'est la confiance du peuple.

Post-national. Le nouvel âge dans lequel nous serions entrés. Le fait national ne serait plus, aujourd'hui, qu'une survivance. Il serait dépassé, historiquement en tant qu'étape de l'histoire de l'humanité et moralement en tant qu'étape de la solidarité des hommes. À preuve, l'aveu du sociologue Pierre Bourdieu, l'un des éponymes du politiquement correct : « Je me sens européen au sens où c'est un degré d'universalité supérieur, au sens où c'est déjà mieux que d'être français. » À ce propos, rien n'est plus aisé que d'opposer le grand historien Marc Bloch qui, dans *L'Étrange Défaite*, écrivait : « Ouvriers pacifistes et bourgeois anti-ouvriers avaient perdu le sens des valeurs nationales. »

Privilège. En politiquement correct, on dira par exemple : « le privilège des familles riches grâce aux allocations familiales ». À ne jamais confondre avec une locution optiquement voisine de la caste intouchable, l'expression « acquis sociaux ». Des privilèges sont des acquis sociaux injustifiés alors que les acquis sociaux sont des privilèges justifiés. Exemples : la non-imposition des allocations familiales est un privilège, mais le départ des cheminots à la retraite à 55 ans est un acquis social.

Promesses. Imprudent de ne pas en faire. Politiquement correct de ne pas les tenir. Le regretté Henri Queuille, député radical-socialiste de la Corrèze qui fut président du Conseil sous la IVe République, aimait à dire : « Les promesses n'engagent que ceux qui les reçoivent. » Ce sage précepte a été mis à profit par les intelligences qui nous gouvernent, avec les résultats que l'on sait... Les hommes politiques américains, anglais, allemands, italiens sont bien sots, qui s'imaginent que les programmes sur lesquels ils ont été élus sont faits pour être appliqués. Comme les nôtres, ils disent, pour être élus, que « trop d'impôt tue l'impôt ». Ce qui est incroyable, c'est qu'ils se croient tenus, ensuite, de faire ce qu'ils avaient dit et de baisser les impôts : quelle candeur !

Réforme. Méthode de gouvernement qui consistait jadis à changer les choses en s'appuyant sur une alternance de majorité et d'idées. Dorénavant, et selon les canons de la pensée unique, « la réforme ne peut être que consensuelle ». Donc,

1. Prendre appui sur l'accord préalable de M. Blondcl.

2. Être cooptée par l'ensemble des apparatchiks syndicaux (qui représentent moins de 10 % de la population active) dans le cadre de ce qu'on appelle le « dialogue social ».

146

3. Être de gauche pour être bien accueillie par la gauche.

On est passé de la notion de réforme, au sens d'une authentique rupture, à la notion de concertation qui conduit à l'engluement.

Social-technocratie. Social-démocratie recomposée à partir d'un échantillon d'experts de gouvernement qui gèrent les affaires courantes dans une logique de prélèvements au-dessus de 40 %, afin de créer ou de maintenir « une société toujours plus solidaire » et afin de « lutter contre l'exclusion ».

On a parfois posé la question : « Quelle différence y a-t-il entre la social-technocratie de gauche et la social-technocratie de droite ? » Une seule : la seconde a succédé à la première. Avec la social-technocratie de gauche, la France « n'a pas pu franchir la barre » des 45 % de prélèvements fiscaux et sociaux. Avec la social-technocratie de droite, elle y est parvenue en quelques mois seulement. En sorte que la route des 46 % est maintenant ouverte.

Son discours tient le haut du pavé depuis vingt ans. À l'en croire, il suffirait d'avoir de la croissance pour retrouver le chemin de l'emploi. Ce discours a fini par tuer l'espoir. En effet, que s'est-il passé depuis vingt ans ? Le taux de croissance a augmenté de 80 % et le taux de chômage a aug-

147

menté de 800 % ! Gros problème : avec 80 % de croissance, on aurait dû avoir... 80 % d'emplois supplémentaires. Il y a donc une fuite quelque part. Où est la fuite ? À l'avant et à l'arrière du bateau : il y a tout simplement une fuite de l'offre et une fuite de la demande.

Fuite de l'offre : c'est le phénomène des délocalisations, des déménagements d'entreprises qui sont la conséquence directe du démantèlement de l'Union douanière européenne.

Fuite de la demande : précisément, au même moment, avec une synchronisation presque parfaite, l'Europe et la France vont connaître un autre phénomène de grande ampleur : le « baby-krach », c'est-à-dire l'implosion démographique.

L'économie de l'offre, ce sont les postes de travail. Les nôtres quittent le territoire pour l'Asie. C'est la fuite de l'offre.

L'économie de la demande, ce sont les consommateurs. Il y en a de moins en moins puisque la France ne renouvelle plus ses générations. C'est la fuite de la demande.

Sondage. Système politique permettant de corriger — étymologiquement « rendre correct » — les intentions de vote souvent déroutantes des citoyens. Les sondages d'opinion, qui prolifèrent à l'approche des consultations électorales, se flattent de refléter l'« opinion » selon des critères

« scientifiques ». L'ennui est que les résultats varient selon les instituts — en fonction des clients de ceux-ci ? —, qu'ils nécessitent des « redressements » pour les faire entrer dans les cases préalablement établies par les sondeurs, et que le verdict des urnes les bafoue régulièrement.
Cet usage serait anecdotique si la sondo-mania (amplifiée par le matraquage audiovisuel et éditorial) ne risquait d'altérer le scrutin en provoquant des réactions artificielles chez les électeurs : désir de « voter utile » en délaissant le candidat porteur de leurs idées mais censé ne pas être « dans le coup », désir de peser par avance sur un second tour déjà « calibré » par les chiffres. L'idéal du politiquement correct reste de substituer le sondage au bureau de vote.

Soutenir. Expression d'un sentiment politiquement correct à l'égard d'un partenaire qu'on se refuse à critiquer, mais dont on espère la chute. Expression d'usage : « L'U.D.F. soutient le volet social du plan Juppé. »
Rappel historique : « Un gouvernement que l'on soutient est un gouvernement qui tombe » (Talleyrand).

Terrorisme. Fatalité du métro et de la vie moderne. Ceux qui ont supprimé les contrôles aux frontières en pleine campagne présidentielle, au printemps 1995, portent une lourde responsabilité historique. En effet, c'est à ce moment que le Groupe islamique armé a décidé d'opérer en France à partir de quelques bases européennes.

Travaillisme à la française. Théorie politique énoncée à la fin des années 70 par le premier président du R.P.R. à la tribune du congrès d'Égletons. Elle préconisait l'acclimatation en France d'une sorte de social-démocratie à l'anglaise fondée sur une économie de prélèvements « hautement redistributive » et de cogestion syndicale « hautement participative ». Son inspirateur en était un jeune inspecteur des Finances, conseiller surdoué de Jacques Chirac, qui allait attendre dix-sept ans pour pouvoir appliquer sa théorie. En juin 1995, Alain Juppé est enfin entré à Matignon.

Valeurs. Suspect. Synonyme de dérive. Aux yeux du politiquement correct, il n'y a pas de valeurs pérennes ni communes. Chaque société invente les siennes. Chaque individu, au fil de son expérience intime, dessine ses propres repères. Ce néo-conformisme libertin assène des formules séduisantes : « Les valeurs ressortissent à la vie privée. Elles sont trop liées au bonheur pour être exposées ou proposées sur la place publique... Il faut donc se méfier de ceux qui en font une sorte de commerce politique... »

Or, toute valeur appelle un jugement de valeur, donc une distinction hiérarchique qui invite à s'élever au-dessus d'une lecture littérale de la vie en société.

Social

Acquis sociaux. Synonyme de *statu quo*. Douve politiquement correcte qui protège la forteresse syndicale. À l'opposé, les acquis sociaux authentiques sont ceux qui ne sont pas réservés à une catégorie de Français. Ils sont faits pour les Français, et non pour les syndicats. Enfin, il n'y a pas d'acquis sociaux dignes de ce nom en dehors du progrès économique.

Artisanat. Survivance du passé. Suspect puisque indépendant. Le modèle social des années 90 s'appuie sur une nouvelle devise inscrite au fronton des écoles du politiquement correct : « Mieux vaut l'assistanat que l'artisanat. »

Blondel (Marc). N'a gardé de la C.G.T.-F.O. que le goût de la lutte. Non plus la lutte des classes, mais la lutte des places.

Chômage. Fatalité. Ce qui n'empêche pas les mêmes d'affirmer que la lutte contre le chômage est leur priorité absolue. La pensée unique n'est pas exempte de contradictions. Les vraies priorités sont : la défense des acquis sociaux (comprenez : les privilèges syndicaux et les rigidités du droit du travail), la réduction des déficits publics (l'augmentation des impôts et des cotisations sociales sans réduction des dépenses), le franc fort (esclave du Mark), le libre-échange, l'intégration des immigrés (c'est-à-dire la société multiculturelle)... et elles jouent toutes contre l'emploi.

« Cité interdite ». Rapport incorrect. À cacher. Remis au ministre de l'Intérieur par le syndicat des commissaires et hauts fonctionnaires de la police nationale, il est en décalage complet avec les élucubrations de la pensée unique sur la « politique de la ville », les « banlieues », l'« école »... Le rapport, resté confidentiel, insiste sur l'aggravation de la violence, la prolifération des armes à feu, la multiplication des affrontements inter-ethniques, la recrudescence des violences antipolicières. Les réseaux de drogue s'étendent, surtout en Provence-Côte d'Azur (32 quartiers touchés, dont 27 dans les Bouches-du-Rhône) et en Ile-de-France (28 quartiers).
Parmi les dangers qui montent dans les banlieues,

les policiers signalent le « facteur ethnique et religieux, le plus difficile à cerner, mais dont le potentiel de risque est énorme », en raison de la crise
économique, des handicaps culturels et sociaux,
de l'incertitude sur l'identité : « Au point d'en faire
un vivier humain d'où peuvent surgir demain des
soldats prêts à suivre la bannière de l'Islam dans
un combat, voire une *guerre* » contre notre société.
Le texte du syndicat des commissaires de police
souligne que « c'est en milieu scolaire que naît et
se développe la violence des mineurs » : « À l'abri
d'une enceinte fermée à la police et soumise à la
loi du silence, de jeunes enfants et des adolescents
découvrent et repoussent les limites de l'impu-
nité », développant caïdat, racket et trafic de
drogue dans les établissements scolaires.

Code de la nationalité. Intouchable pour le politiquement correct alors qu'il est de salut public
de le réformer. Depuis 1993, les étrangers qui
vivent en France sont appelés à manifester leur
volonté pour devenir français, alors qu'ils le deve-
naient auparavant de façon automatique, et même
souvent sans le savoir. C'est un progrès certain.
Une nouvelle réforme est pourtant nécessaire.
On pourrait tout à fait conserver le droit du sol,
mais il faudrait y ajouter d'autres conditions : la
continuité de résidence depuis la naissance, la
vérification de l'assimilation, et surtout le serment

solennel de loyauté devant le drapeau tricolore. Cette réforme ferait de l'entrée dans la nationalité française un véritable code d'honneur et redonnerait des couleurs au sentiment national. Pour que les enfants de France redonnent du sens à la politique. Et qu'ils transmettent la fierté d'être Français.

Commerçant (petit). Poujadiste auquel les politologues prêtent des sympathies pour Philippe de Villiers, ce qui suffit à le rayer d'office de la liste du politiquement correct.

Tenant de l'initiative individuelle et de la proximité avec sa clientèle, il est suspect d'attachement à une forme de société condamnée par les experts : sa disparition progressive coïncide avec la mise en jachère autoritaire de milliers d'hectares de terres cultivables. Son chiffre d'affaires ne lui permettant pas de rivaliser avec les grandes surfaces pour contribuer décemment au train de vie des partis politiques, il a été sacrifié par tous les gouvernements de gauche et de droite depuis trente ans. Alain Juppé redécouvre ses mérites depuis que la législation empêche le financement de la vie publique par les groupes commerciaux ou industriels.

Crise sociale. Un des derniers à-coups avant l'entrée de la France dans la parousie monétaire franco-allemande. Selon cette vision rassurante des choses, la crise sociale serait une sorte d'ultime poussée d'acné avant que l'économie française n'atteigne enfin l'âge adulte, à l'abri d'une Allemagne raisonnable et maternante.

Les grèves seraient les derniers grumeaux de la soupe primitive avant la formation d'un nouveau monde unifié, comme une espèce de floculation retardataire avant la nouvelle ère monétaire postnationale.

Dépénalisation. Œuvre du « prochain septennat », selon une déclaration de Simone Veil, ministre de la Santé dans le gouvernement Balladur, dans *Le Monde* du 24 janvier 1995. La dépénalisation de la drogue n'est pas une idée nouvelle. C'est même une question récurrente. Le mouvement de libération est allé très loin en Europe puisque certains pays (Espagne, Italie, Hollande...) ont légalisé la drogue et on peut même se demander aujourd'hui si l'harmonisation des législations européennes ne va pas conduire petit à petit la France à devoir se couler dans le moule de la dépénalisation.

Pourtant, les résultats pratiques de la dépénalisation sont de cuisants échecs.

Durée du travail (réduction de la). C'est Pierre Bérégovoy, dans sa déclaration de politique générale, qui a proposé la réduction du temps de travail comme solution au chômage. Là encore Alain Juppé, malgré sa belle intelligence, n'arrive qu'en deuxième position, derrière les socialistes. La logique du partage du travail ignore les problèmes d'ajustement entre offre et demande d'emplois, ainsi que les spécificités sectorielles. La solution est tout autre. Elle consiste à augmenter le volume global de travail en luttant contre les maux qui engendrent le chômage. Accessoirement, il faut imaginer, c'est vrai, des formules de souplesse qui optimisent le potentiel de création d'emplois : travail à temps partiel, horaires variables, contrats à durée déterminée, entreprises de travail temporaire doivent être aussi libres que possible. Mais bien entendu, dans tous les cas, il doit s'agir de cadres juridiques mis à la disposition des acteurs du marché qui, éventuellement, les choisissent s'ils en éprouvent le besoin. Cela n'a rien à voir avec cette démarche autoritaire proposée par la pensée unique.

Euthanasie. La « bonne mort », quoi de plus correct ? Une mort « propre », rapide, sans douleur, sans drame... L'idéal d'une société qui ne tolère plus la souffrance, la vue de la détresse de l'autre, la présence des «anciens». Une société pour laquelle un vieillard n'est plus qu'une catégorie statistique, qui se désintéresse de son passé et de ses racines, donc de sa mémoire collective et de ceux qui passent le flambeau des traditions.

L'euthanasie est l'ensemble des procédés «médicaux» qui permettent de hâter ou de provoquer cette mort-là. La législation française — comme dans bon nombre de pays — la considère comme un assassinat, mais ici et là de bonnes âmes, parfois même des médecins, susurrent qu'il faut y penser.

J'ai interrogé mon ami le professeur Israël, l'un des plus grands cancérologues français. Il m'a répondu : « Sous la pression des bien-portants, monte effectivement dans tout le monde occidental la revendication de l'euthanasie médicalisée pour les patients en phase terminale. Et cela, alors que toute douleur, correctement soignée, peut être maîtrisée. D'expérience je sais que les malades entourés, bien traités, ne demandent pas qu'on les tue, l'entourage immédiat ne le fait que rarement. La demande est faite par des idéologues. La même dérive culturelle qui nie ou ridiculise les valeurs traditionnelles et les aspirations spirituelles qui ont façonné nos civilisations s'en prend au respect dû à la vie qui n'est plus considérée et admise que dans ses aspects utilitaires. »

Exclusion. Arme sémantique qui sert à embrouiller les responsabilités, à ouvrir de fausses pistes, à donner de mauvaises solutions à des problèmes bien réels.

Le « refus de l'exclusion » est une formule magique que la gauche a popularisée pour escamoter sa responsabilité dans la montée du chômage et de la grande pauvreté, sous les deux septennats socialistes.

Depuis René Lenoir, qui a lancé l'expression il y a vingt ans, on a rangé pêle-mêle, dans la longue liste des exclusions, toutes sortes de situations jugées défavorables, sans distinguer entre les causes et les degrés du malheur : on y trouve non seulement les marginaux, les S.D.F., mais les chômeurs en général ; puis les drogués, les délinquants, les alcooliques, les transsexuels, aussi bien que les clandestins ou les victimes du sort, accidentés, infirmes, malades, personnes âgées... auxquels on n'hésite pas à ajouter, le cas échéant, les homosexuels ! Tout ce qui s'écarte de la norme donnerait lieu à exclusion ou serait la conséquence de l'exclusion.

Cet appauvrissement verbal manifeste un engourdissement de la pensée qui est le résultat voulu d'une stratégie de culpabilisation. « Exclu » est un terme global qui recouvre arbitrairement des situations hétérogènes. C'est aussi une forme passive, qui suggère que l'homme ne saurait en aucun cas être responsable de ses actes — même s'il se drogue, ou s'il commet des délits —, et que c'est la *société* qui est coupable, c'est-à-dire vous et moi, qui sommes en réalité fautifs.

Nous basculons dans le domaine de la pensée animiste. C'est une régression intellectuelle, en même temps qu'un recul de la morale. Pour réduire le chômage, lutter contre la maladie, vaincre le crime..., il faut des entreprises, des familles, des hôpitaux, des tribunaux et non des charlatans qui prétendent « exclure l'exclusion ».

Fourrure. Devenue impossible à porter sans essuyer les foudres de Mme Brigitte Bardot et autres régulateurs de la pensée unique.

Les animaux appartiennent à présent au bêtement correct. Les écologistes — les vrais, pas les « babacool » qui s'échinent à faire crever des chèvres sur un causse désolé — savent qu'il existe un équilibre naturel et des phénomènes nécessaires de régulation. Que les États s'entendent pour préserver les espèces est légitime, mais il faut résister aux diktats de ceux qui hurlent quand on écrase une punaise et qui n'ont même pas un coup d'œil pour les enfants en détresse dans le monde.

Le transfert affectif sur des animaux de compagnie (parfois un boa ou un lionceau) ou les croisades en faveur des bébés libellules me paraissent relever d'une sorte de métempsycose affective disproportionnée. Le gouvernement refuse de mettre en chantier une politique familiale, mais les «amis des bêtes» tiennent le haut du... caniveau. Résultat, le fait d'avoir des enfants risque de devenir un luxe interdit à des couples à faible ou moyen budget, les familles se voyant attribuer des allocations dérisoires, bientôt soumises à impôt, pendant que les collectivités locales dépensent des fortunes pour faire face aux nuisances des animaux domestiques en milieu urbain. Le budget de la Ville de Paris consacré aux escadrons de «motocrottes», affrontant une pollution canine se chiffrant en dizaines de tonnes, est là pour en témoigner.

On irait, paraît-il, vers la famille type suivante : un parent, un enfant, quatre chiens, trois perruches et un angora adopté.

J'ai entendu un protecteur des rats déclarer : «Il faut protéger les rats. Ils sont aussi intelligents que nous. La preuve? ils prennent le métro comme nous.»

Fracture ethnique. L'expression a été forgée par le sociologue Azouz Bagag. «On entend, dit-il, de plus en plus de jeunes d'origine maghrébine se distinguer des Français "normaux", en les désignant comme les "Blancs". Beaucoup d'indices témoignent du mimétisme social, voire de l'identification des enfants d'immigrés africains des cités H.L.M. de France à leurs homologues frères noirs américains.»

Craignons qu'au nom du politiquement correct, la juxtaposition des « cultures toutes égales » ne pulvérise ce qui reste de civilisation française.

Fracture sociale. Incantation à usage strictement électoral.

Pendant la campagne présidentielle de Jacques Chirac, les gens ont entendu de deux manières cette expression leitmotiv. Les artisans-commerçants et les petits patrons ont cru que Jacques Chirac parlait d'« une fracture sociale entre une certaine France protégée et une certaine France exposée ».

Les tenants de la pensée unique, quant à eux, ont fait de cette expression une lecture plus classique. Selon eux, en effet, la fracture sociale symbolisait le fossé grandissant entre des riches de plus en plus riches et des pauvres de plus en plus pauvres. Pour réduire cette fracture, « il conviendrait de prendre de l'argent aux riches et de le redistribuer aux pauvres ». C'est ce qu'aura fait le premier gouvernement après l'élection présidentielle.

Aujourd'hui l'affrontement est livré par le citoyen contre lui-même. En tant que consommateur, il est satisfait d'acheter des produits d'importation en provenance du tiers monde, mais en tant que salarié, il ne peut supporter les licenciements qui découlent de ses choix de consommation. En chaque Européen, le consommateur et le travailleur sont en conflit, de même qu'entre le contribuable et le bénéficiaire des aides sociales. C'est en réduisant cette fracture sociale entre le producteur et le consommateur qu'on retrouvera l'idée d'une société stable.

Immigrés. Terme d'une immense portée symbolique bien qu'il soit sans portée juridique. En droit, il ne veut rien dire. Si on veut exprimer, à travers ce participe, la situation de quelqu'un qui a quitté un pays pour en rejoindre un autre, le mot juste est le mot « immigrant ». Si on veut qualifier la situation juridique de cet immigrant par rapport au pays d'accueil, il y a trois situations possibles :
1. *L'étranger est en situation irrégulière.* Il doit quitter le territoire national. La France est un État de droit et doit le faire appliquer.
2. *L'étranger est en situation régulière* et doit, dans ce cas, bénéficier des lois et de la tradition française de l'hospitalité qui sont l'honneur de notre pays.
3. *L'étranger est devenu français.*
Voilà développé, dans la sérénité, le problème de l'immigration tel qu'il se pose aujourd'hui en droit français, en essayant de sortir du piège des mots ; du double piège des mots : d'un côté le piège de la haine, de l'autre le piège de l'occultation et de l'intimidation.

164

Immigrés en France (nombre des). Ne cesse de baisser! Un recensement qui relève du secret d'État. Les services officiels ne sont pas d'accord entre eux : le ministère de l'Intérieur en trouve beaucoup plus que l'I.N.S.E.E. Les étrangers sont 5 à 6 millions en France, dont probablement 500 000 « clandestins » qui séjournent dans notre pays en toute illégalité, mais non sans bénéficier d'avantages sociaux : ils sont soignés dans les hôpitaux, reçoivent des aides et prestations diverses, leurs enfants sont scolarisés normalement.

Le nombre des étrangers augmente du fait des naissances de parents étrangers sur le sol français et des arrivées qui continuent, à hauteur d'au moins 150 000 par an, malgré l'« arrêt » de l'immigration décidé en... juillet 1974. Il diminue à cause des décès, des départs, et de l'acquisition de la nationalité française par des étrangers à qui l'on demande seulement de remplir un formulaire administratif pour devenir français. Il ne tient pas compte des « binationaux », qui ont gardé leur nationalité d'origine.

Les sentinelles du politiquement correct veillent à ce qu'il n'y ait aucune statistique d'ensemble, pour éviter que l'immigration ne fasse l'objet d'un quelconque débat d'ensemble.

Inégalité. Pour la pensée unique, il n'est d'inégalité qu'entre riches et pauvres, entre les détenteurs du capital et les salariés, bref entre le capital et le travail, le capital protégé, le travail pressuré. Cette dialectique d'un autre âge ne résiste pas une seule seconde à la réflexion des gens qui savent regarder, écouter, lire et compter.

Par exemple, Alain Juppé renonce à réformer les régimes spéciaux de retraite. Ce qui implique qu'il ne reste de son plan de réforme de la protection sociale que les mesures antifamiliales, le rationnement des dépenses de santé et l'augmentation des prélèvements.

Au chapitre des retraites, le tableau des inégalités est pourtant criant : la durée de cotisation est de 40 années pour les salariés du privé (une disposition adoptée subrepticement en août 1993 par Edouard Balladur) et de 37,5 annuités pour les régimes spéciaux ; le mode de calcul des pensions pour le privé est de 50 % de la moyenne des 10 meilleures années de salaire ; pour les autres il est de 75 % de la moyenne des 6 derniers salaires mensuels (75 % du dernier salaire à E.D.F.). Dans dix ans, si rien ne change, il faudra donc trouver 65 milliards de francs pour combler le trou du régime des fonctionnaires et celui des agents des collectivités territoriales.

Intégration. Remplace le mot « immigration » jugé imprononçable. Pourtant, on intègre des groupes mais on assimile des individus. Le mot juste serait « francisation », terme frappé de bannissement sémantique.

Cette dérive offre chaque jour de multiples exemples. Le plus frappant est fourni par l'affaire Kelkal. On nous dit que Kelkal était « un jeune homme ». Non, c'était un terroriste. On nous dit que Moussa était « son copain ». Non, il était son complice, son comparse.

Pourquoi ce langage contourné ? Parce que ceux qui choisissent ces expressions ne veulent pas qu'apparaisse la vérité toute nue : l'échec de l'intégration. Pour le public, intégration est pratiquement synonyme d'assimilation. Intégrer les immigrés serait donc les appeler à devenir français, à se fondre dans la société française en évitant de constituer des communautés séparées, ancrées dans une culture d'isolement. Or, dans les nombreux rapports officiels, il est dit expressément que l'intégration n'est pas l'assimilation. Comme on reste dans le flou sur le contenu qui pourrait lui être donné, la seule définition restante est purement négative : l'intégration est le refus de l'assimilation et rien que cela. Sinon, il serait tellement plus simple de parler d'assimilation pour lever l'ambiguïté !

Intégrer les immigrés, c'est donc les installer sur notre sol sans contrepartie, sans leur demander d'accepter notre histoire, de se reconnaître dans notre culture, d'adopter notre mode de vie. C'est transformer la société française en manteau d'arlequin, en société multiculturelle ; c'est détruire l'unité et l'identité de la nation.

Intégration (politique de l'). Politique qui consiste à faire exactement le contraire. La politique d'intégration consiste à légitimer la juxtaposition de communautés pluriethniques et pluriculturelles, au sein de zones de non-droit interdites aux autorités françaises. Depuis vingt ans, on nous parle d'« intégration » progressive alors que nous constatons la lente désintégration de la France.

Il existe aujourd'hui une forme de racisme insidieuse, subtile, qui découle directement de l'idéologie antiraciste. Elle prend appui sur une évidence : toute culture fermée sur elle-même se sclérose et cesse d'évoluer. À partir de cette réalité, on cherche à nous imposer une sous-culture cosmopolite dont l'exemple extrême est cette *world music* qui mêle, dans la confusion, toutes sortes de rythmes dans une bouillie sonore. Le monde entier, dans une espèce de forum médiatique et de chambre d'écho planétaire, donne à consommer les mêmes vacarmes, la même sous-culture, d'origine américaine, formatée pour plaire au public le plus large et le plus facile.

Là, se trouve le véritable danger « raciste » : *la destruction de ce qu'a d'original, donc de spécifique,*

chaque culture. L'uniformisation interdit tout enrichissement réciproque. Les contacts culturels ne
sont fructueux qu'autant que chaque culture
conserve son *identité*.

On peut se demander où sont les racistes. Quand
on prétend intégrer un musulman en exigeant de
lui qu'il renonce à sa culture, au nom de la laïcité
et qu'on n'est pas capable de lui proposer autre
chose que la sous-culture commerciale, on
fabrique des Kelkal et des Moussa. Faire rayonner
notre culture, donner à d'autres le désir de se l'ap-
proprier, n'interdit pas d'aimer et d'admirer
d'autres cultures. Seul le respect de la diversité
culturelle du genre humain lui permettra de s'en-
richir de ses différences.

Joint. Doit avoir été fumé. Il est de bon ton de voir
un candidat à la présidence de la République, Lionel Jospin, raconter à la télévision son expérience
de fumeur de haschich. Haschisch, herbe, mari-
juana, huile de cannabis sont présentés comme
sans danger, comme des substances anodines pas
plus dangereuses que l'alcool ou le tabac. Elles
témoigneraient d'un brin de modernité. L'aver-
tissement pathétique de Baudelaire, qui avait
goûté aux charmes du haschisch, a été oublié.
Après en être revenu, il avait écrit : « S'il existait
un gouvernement qui eût intérêt à corrompre ses
gouvernés, il n'aurait qu'à encourager l'usage du

haschisch. » Les drogues dites douces sont l'anti-chambre de la consommation de drogues dures, plus dévastatrices encore. Tous les usagers de cannabis ne seront pas des héroïnomanes, mais 90 % des héroïnomanes ont commencé par le cannabis.

Justice sociale. Mot de passe inusable de la gauche. La marée hagiographique qui a submergé nos écrans lors de la disparition de François Mitterrand inondait la France de cette évidence rétrospective qui nous avait échappé. Nous ne sommes plus dans un monde réel, mais dans un monde virtuel.

Médecins libéraux. Jettent par les fenêtres l'argent de la sécurité sociale. Prescrivent trop de médicaments. Gagnent trop d'argent. Les médecins libéraux sont dans le collimateur de la pensée unique. On les décrit comme des ordonnateurs de dépenses irresponsables. Avec le plan Juppé — qui parle peu de l'hospitalisation et s'en prend surtout à la médecine ambulatoire —, ils sont en train de devenir les boucs émissaires de la sécurité sociale. C'est finalement un gouvernement de droite qui aura réalisé l'ambition secrète de toute la pensée de gauche : l'étatisation de la santé.

Méthadone. Nouvelle star de la lutte contre la drogue, présentée comme l'arme absolue, une sorte de produit miracle qui, selon Philippe Douste-Blazy, devrait « sauver socialement et médicalement les héroïnomanes ». Les promotions faites autour de sa mise sur le marché à la fin de l'année 1994 ont, selon le discours officiel, fait franchir une nouvelle étape à la politique de la drogue en France.

La réalité est malheureusement toute différente car la méthadone prescrite par les médecins n'est pas un médicament comme les autres. C'est une drogue, une forme d'héroïne dont la dépendance, selon certains spécialistes, est supérieure à l'héroïne. La méthadone ne règle pas la question de la drogue. Elle transforme simplement, dans le meilleur des cas, « une toxicomanie sauvage en une toxicomanie domestiquée ». C'est le médecin qui fournit ses doses aux drogués.

Elle est avant tout une solution de facilité pour la société qui tente d'acheter la paix sociale au mépris de l'être humain que l'on maintient officiellement en situation de dépendance, et au mépris du médecin que l'on transforme en « dealer en blouse blanche ».

Présenter la méthadone comme la solution unique, alors que seulement 5 à 10 % des toxicomanes arrivent à décrocher après un traitement, est un abandon et une illusion. La méthadone doit être réservée à des cas très limités où tout a déjà été essayé pour faire décrocher le drogué.

Modèle. Critère de référence mis à la disposition des services de police. À preuve, la mésaventure survenue à Christine Chauvet en novembre 1995. Évincée du gouvernement, elle se fait voler son sac à main dans la rue, quelques jours plus tard. Au commissariat le plus proche, elle explique que les responsables sont deux Maghrébins. Réponse des policiers de service : « Vous n'avez pas le droit de dire ça ! »
Invitée à dresser un portrait-robot des agresseurs, l'ancien ministre se voit proposer trois types de visages : européen, asiatique, africain. Lorsqu'elle fait observer qu'elle a parlé de Maghrébin, on lui répond : « Nous devons faire avec ces trois modèles. »

Pays d'immigration. Nouvelle présentation du peuplement de la France par analogie avec les États-Unis. Non seulement personne n'a le droit de connaître les chiffres réels des flux migratoires qui affectent la France, mais encore on s'applique à nier que l'immigration est un phénomène relativement récent dans notre histoire.
L'identité française s'est forgée au cours des siècles. Or, jusqu'à la fin du XIXe siècle, très peu d'étrangers se sont fixés sur notre territoire. De plus, avant 1950, l'immigration venait exclusivement d'Europe, donc d'horizons culturels proches du nôtre.

Le processus d'assimilation a bien fonctionné.
Aujourd'hui, les immigrants arrivent d'Afrique ou
d'Asie. Ils ont beaucoup plus de mal à se défaire
d'une vue du monde qui n'est pas la nôtre.

Seconde remarque : on ne rappelle pas aux Français que la politique de l'immigration était autrefois beaucoup plus ferme. Une loi de 1932 avait
institué la priorité à l'emploi pour les Français,
dont le principe a figuré dans notre législation jusqu'à l'arrivée des socialistes au pouvoir, en 1981.
Cette loi avait été votée à l'unanimité par les deux
Chambres, moins les communistes qui s'étaient
abstenus. Personne n'avait crié au racisme. Des
décrets avaient été pris, à l'époque, pour plafon-
ner le nombre des étrangers employés dans les
diverses branches de l'économie, de manière à
juguler le chômage naissant.

Peine de mort. Abolie pour les criminels. Réservée aux innocents. Certains pays pratiquent
encore la peine de mort. Dans la rue.

Petit Blanc. Expression utilisée par les intellectuels
ou journalistes résidant dans les beaux quartiers protégés de Paris (Ouest, Marais, Quartier latin, île
Saint-Louis, Saint-Germain-des-Prés) pour dési-
gner un Français n'ayant pas leur train de vie et

173

obligé de vivre dans une cité-dortoir suburbaine, où la tranquillité risque, à chaque instant, d'être troublée par des bandes de délinquants ou de trafiquants de drogue qui rackettent ses enfants à l'école ou volent la voiture qu'il n'a pas fini de rembourser. Le petit Blanc supporte très mal cette situation et a le culot de s'en plaindre ouvertement, allant même jusqu'à faire la grève du vote pour les partis de gauche.

Plan Marshall des banlieues. Trouvaille sémantique du politiquement correct. Quand des « jeunes » saccagent les quartiers immigrés, la solution qui vient immédiatement à l'esprit des technocrates qui gouvernent la France, c'est de poursuivre et d'amplifier une politique engagée depuis des années par les socialistes et qui s'est déjà soldée par un échec retentissant. *Errare humanum est, perseverare diabolicum...*
Ce n'est pas en déversant les crédits publics sur les banlieues sinistrées ni en leur accordant des privilèges fiscaux qu'on rétablira la situation. Tant que les voyous qui brûlent les écoles et pillent les magasins resteront impunis et jouiront du prestige des justiciers, les efforts de l'administration seront vains. Plus que d'argent, les banlieues ont besoin de sécurité et de tranquillité.
Dans l'état actuel des choses, les cadeaux de l'État sont perçus comme un encouragement à recom-

174

mencer, à se conduire au mépris de nos lois. Autant donner une prime à la casse !

Politique de la ville. Traduire par « politique de l'immigration ». L'immigration est un sujet tabou, qui reste dans l'angle mort du discours politique admis par la pensée unique. Comment traiter ce difficile problème si l'on n'ose même pas en parler ? Les tensions sociales qui s'aggravent dans les populations immigrées ne peuvent être éliminées par des remèdes purement techniques.

La politique de la ville consiste notamment à envoyer des jeunes immigrés à la campagne en été. Elle consiste aussi, pour éviter les « étés chauds » dans les banlieues, à transférer les « casseurs » sur les remblais des Sables-d'Olonne ou de Saint-Malo.

Les États-Unis nous ont précédés sur le chemin de la fuite des mots : on parlait là-bas de la « politique des villes ». On y parle désormais de la « politique des bunkervilles ».

Quartiers. Zones de non-droit. Les Américains ont une formule très parlante : *no go area*. Par exemple, on dira « les jeunes des quartiers » pour dire « les casseurs (ou les dealers) des banlieues à risque ».

Quota. Sur le modèle des quotas ethniques américains, on voit fleurir les propositions d'inclure dans la législation des quotas de femmes aux élections, des quotas de jeunes dans les entreprises. On ne choisit plus quelqu'un pour ce qu'il est mais pour la catégorie, le quota, qu'il représente. Il n'y a pas de société plus impersonnelle qu'une société de quotas. On ne lit plus la vérité dans le regard de l'autre, on lit le signe d'appartenance à un quota, à une ethnie, à une alvéole. C'est l'avènement d'une société de signes extérieurs qui n'est plus un échange de regards mais un va-et-vient de prestations, un procès perpétuel d'estampilles.

À chacun son quota. À chacun son dû. À chacun sa cloison. Ce n'est plus une société, une communauté, c'est un damier. Le droit n'est plus établi sur des normes mais sur des bornes.

Rationnement. Nouveau mode de gestion de la santé par le politiquement correct. Au moment de réformer son système de sécurité sociale, la France avait à choisir entre :

Le système Bismarck, fondé sur les disciplines de la liberté (liberté et concurrence des caisses).

Le système Beveridge, c'est-à-dire le système anglais, qui est celui des files d'attente et du rationnement.

Le gouvernement de la France a fait un choix

« correct » : il a choisi le système anglais, le pire. Le plan Juppé trouve son point d'équilibre à partir d'une clé de voûte qui est une norme nationale c'est-à-dire une enveloppe nationale de crédits consacrés, sur tout le territoire national, à toutes les dépenses de la santé. Cette norme s'impose non seulement à l'hôpital public mais aussi à la médecine ambulatoire. Donc chaque année, on fixera un taux d'évolution des dépenses de santé. Dans cette logique, il n'y a pas intérêt à tomber malade en décembre.

Rénovation immobilière. Moment toujours très attendu : par les habitants, pour se reloger. Et par les grands partis pour se financer.

Retraites. Leur avenir n'est jamais un problème. Pourtant, un rapport du Commissariat général au Plan avance des conclusions pessimistes en raison de la sous-évaluation de l'espérance de vie, combinée à la réduction des années de cotisation à cause du chômage. En 2015, le risque est de n'avoir que 1,2 actif pour financer la retraite d'un pensionné, contre 2 en 2000. Les experts en tireraient volontiers la conclusion qu'il serait utile de réfléchir à l'avenir de notre démographie, mais ils ne peuvent pas le dire. Ils risqueraient de susciter la réprobation des vigiles de la pensée unique.

177

Sécuritaire (idéologie). Formulation destinée à flétrir une conception naïve et égoïste — généralement propre au petit Blanc, à l'instigation des populistes — qui consiste à penser que le rôle de l'État est d'assurer la protection des biens et des personnes, et que les habitants de la France doivent respecter ses lois. L'idéologie, dite « sécuritaire » par les tenants de la pensée unique, est dénoncée car elle pousse le citoyen à croire en l'honnêteté, la propriété individuelle, l'autorité de la puissance publique, la force de la loi. Il s'estime dans son bon droit quand il entend prendre le métro sans se faire agresser, envoyer ses enfants à l'école sans qu'ils soient rackettés ou attirés dans les circuits de la drogue, occuper un logement sans être cambriolé ou victime de nuisances de voisinage, pouvoir garer sa voiture sur la voie publique sans qu'elle risque d'être volée ou « désossée ».

Service minimum. Atteinte inacceptable au droit inaliénable reconnu aux services publics de paralyser la France le temps nécessaire pour faire triompher leurs revendications et « faire payer les riches », c'est-à-dire... les ouvriers salariés du secteur privé, privé de train et privé de courrier. Et pourtant, réclamer un minimum de continuité des services publics est le moins qu'on puisse exiger d'agents qui sont assurés de la sécurité de leurs emplois, alors que le chômage du secteur marchand et des jeunes ne cesse de s'aggraver. C'est aussi la juste contrepartie du droit de grève qui leur est reconnu.

Service public. En langage politiquement correct, on est prié d'ajouter le complément *à la française*. On parle de le constitutionnaliser pour devenir intouchable et irréformable, faisant ainsi de la France une terre d'exception dans toute l'Europe. Le service public « à la française » n'est pas né par hasard sur la terre de France, mais au terme d'un long combat pour le monopole et la retraite. Il a été imposé à la nation par le Parti communiste au lendemain de la guerre. Le P.C.F. en a fait un précieux vivier de talents et de ressources financières. Il constitue encore aujourd'hui un bastion où se comptent et se recrutent les défenseurs des libertés publiques « attaquées de toutes parts par les tenants d'un libéralisme liberticide et d'une économie de marché mangeuse d'hommes et d'heures de travail ». Au sein du service public, les syndicats et les partis communiste et socialiste puisent leurs plus précieux militants.

Le service public est devenu le giron du conservatisme et du corporatisme publics. Il condamne la France à vivre coupée en deux : une France vulnérable au chômage et à la précarité, celle du secteur marchand ; une France protégée, repliée sur ses acquis corporatifs, celle de la fonction publique et des services publics. Le nouveau « progrès social » consiste désormais à faire payer ceux qui sont exposés au chômage pour le compte de salariés protégés ; à faire payer le chauffeur routier pour le conducteur de train ; la France sans statut pour maintenir les avantages acquis de la France sous statut.

Sida. Ce n'est pas d'abord une maladie, mais une imprécation. On recherche des responsables.

L'enquête du *Point* (10 juin 1995) est significative : « Les associations de lutte contre le sida exigent que le coupable se dénonce, qu'il expie, qu'il répare. Qui est coupable de la contamination par un virus indompté ? La majorité épargnée et son indifférence. Il existe même des pin's pour avoir l'air concerné, comme l'observe Alain Finkielkraut : "Le ruban rouge, c'est la Légion d'honneur des branchés. Est-ce que toute cette superélite porterait avec la même ostentation un ruban rouge pour les vieillards abandonnés dans les hospices ?" »

Interviewé dans le *Journal du sida* en avril 1995, le philosophe Alain Finkielkraut dénonçait le parallèle entre la Shoah et la décimation des homosexuels par le sida : « Imputer le mal à un ennemi et non plus au virus, je vois dans cette tentation une négation de la finitude humaine. Il y a en effet une forme de *political correctness* typiquement européenne et qui consiste à voir des fascistes partout. Lorsque la maladie est apparue, la position politiquement correcte, c'est-à-dire antifasciste, était de minimiser la maladie pour éviter le risque d'exclusion. Désormais, ce qui est politiquement correct, c'est de dénoncer quotidiennement le danger que représente la maladie et d'accuser la société d'avoir trouvé le moyen, en ne trouvant pas le remède, de se débarrasser de ses déviants. Si ce discours reçoit un tel écho, c'est parce qu'il touche la corde sensible de l'antifascisme. Un ennemi qui dit "Viva la muerte !", c'est tout ce que le politiquement correct demande. »

Le mois suivant, dans le même journal, un courrier des lecteurs outré s'indigne des propos du philosophe et reprend les revendications de l'association Act Up : « Nous voulions et nous voulons toujours un Nuremberg du sida [...]. Le sida, dans son ampleur actuelle et à venir, n'est et n'était pas plus fatal que le nazisme. Un procès du sida serait une révolution pour le droit démocratique. »

Sans aucun respect pour le malade, ce discours sur le sida est devenu, avec ses signes de reconnaissance, une nouvelle idéologie. Nous sommes, par exemple, passés d'un discours sur la prévention à un discours sur l'incitation et la légitimation. Les campagnes pour le préservatif constituent plus souvent une incitation à des pratiques à risques qu'une authentique prophylaxie. En faisant du préservatif l'unique moyen de lutte contre le sida, on minimise l'enjeu d'autres comportements. Comme à son habitude, le politiquement correct a créé un nouvel interdit et institué une norme unique.

Ce qu'il faudrait dire aujourd'hui aux jeunes tient en une phrase : l'autre n'est pas une chose. Si le préservatif peut être protecteur, il ne dispense pas d'une réflexion sur la responsabilité personnelle. Comme le disait, très justement, un professeur de médecine : que penserait-on d'un directeur de la sécurité routière qui dirait chaque semaine sur nos écrans : « En renforçant la qualité de vos pare-chocs, en mettant votre ceinture, vous pouvez conduire n'importe comment » ?

Le sida est une maladie trop grave pour accepter qu'elle soit utilisée comme une planche d'appel pour la promotion de conduites à risques.

Syndicat. Partenaire du dialogue social. Organisation « représentative » chargée de veiller à ce que rien ne bouge.

Dans la France de 1996, les cinq syndicats de salariés — hors Éducation nationale — reconnus par les pouvoirs publics (C.G.T., C.F.D.T., F.O., C.F.T.C. et C.G.C.) représentent 10 % de ces salariés. Une législation archaïque, inique, interdit la présentation au premier tour des élections professionnelles de candidats individuels ou appartenant à d'autres syndicats que les cinq censés être « issus de la Résistance ». L'absence de représentativité n'empêche pas de prétendre à sa part de fromage. Depuis des décennies, l'État, pour acheter la paix sociale, a abandonné à ces syndicats la gestion des caisses de la sécurité sociale : c'est ainsi que Force ouvrière dispose du plus beau lot, la présidence de la Caisse nationale d'assurance maladie allant systématiquement à l'un des siens. Avec tout ce que cela implique comme frais de fonctionnement, avec tout ce que cela suppose de possibilités de caser des « camarades » dans un personnel pléthorique et rétif à l'idée de performance. Celui de la sécurité sociale bat en effet tous les records d'absentéisme.

Toxicomanie. Fatalité. A remplacé le mot drogue. Un « fait de société », comme le chômage, l'insécurité ou l'échec scolaire. Le discours officiel sur la drogue est vague et vaguement réprobateur. Les plans gouvernementaux ne luttent pas contre la drogue, mais sont des plans de gestion et d'accommodement.

Alors que chaque année, 35 000 enfants tombent dans le piège et que 150 000 à 300 000 jeunes Français sont pris dans les rets de la toxicomanie, on utilise, pour cacher notre impuissance, des mots détournés qui sont des mots d'abandon des

victimes : « soins aux drogués », « seringue », « méthadone », « dépénalisation », « prison ».

La drogue est une guerre : il faut faire la guerre à
ceux qui nous font la guerre, c'est-à-dire les trafiquants. Mais à la guerre, on ramasse les blessés et
on les soigne.

III

MORCEAUX CHOISIS

La lecture façonne l'imaginaire et propose ce qui demeure, ce qui imprègne. La société française a longtemps bénéficié de ce qui était au cœur même de l'école publique, un assentiment intellectuel et social autour de quelques valeurs majeures posées comme références essentielles : la probité, le patriotisme, l'effort, le sens et le respect de la dignité de soi et des autres...

Connaissez-vous l'École des bibliothécaires ? Il s'agit d'une initiative privée subventionnée par les ministères de la Culture et de l'Éducation nationale. Cette institution délivre des diplômes reconnus par l'État. Les anciens élèves ont vocation à animer et diriger les bibliothèques scolaires et municipales. Bon nombre d'entre eux sont acquis aux « idées nouvelles » en matière de littérature enfantine. Ils mettent en place un « univers politiquement correct pour enfants ».

Voici un petit florilège qu'il faut lire en pensant que les ouvrages cités s'adressent exclusivement à des enfants de 8 à 12 ans.

La dérision

Le sacré, le religieux, les églises sont des cibles privilégiées des tenants du politiquement correct. Il s'agit donc, dès le plus jeune âge, de saper le sens du sacré. Régine Deforges, qui s'était taillé une réputation dans le monde des lettres en éditant des ouvrages lestes, s'en charge avec *Le Couvent de sœur Isabelle* (collection Petit Point, au Seuil) : « Il se passe de drôles de choses dans le couvent de sœur Isabelle », avertit la « quatrième de couverture » de cet ouvrage que l'éditeur propose « à partir de sept ans ». L'histoire, très simple, avec des illustrations naïves, conte l'escapade de la jeune nonne, qui se baigne nue avec des fées.

Dérision et diffamation se mettent de la partie. Ainsi dans l'*Arithmétique appliquée et impertinente* de Jean-Louis Fournier, dans la collection « Documents » de Payot (éditeur qui s'adresse quasi exclusivement aux milieux scolaires et universitaires), trouve-t-on le problème suivant : « Combien Sa Sainteté a-t-elle palpé pour annuler le mariage de la princesse ? On sait qu'elle a reversé la moitié de la somme aux œuvres du Vatican, 20 % du reste aux gardes suisses, 25 % du reste à son confesseur pour qu'il se taise. Il lui reste 90 millions de lires. Calculez la somme totale que le pape a touchée. » Le résultat figure dix pages plus loin (suivi d'un corrigé) : « Une offrande de 300 millions. »

Un peu plus loin, un autre problème est encore consacré au Vatican, dans la catégorie « jet d'hostie ».

« Aux jeux Olympiques du Vatican, le cardinal Pacelli a réussi un jet de 44,8 mètres au lancer d'hostie. Il a ainsi battu de 18 % le record du chanoine Abdou. On demande la longueur du jet d'hostie du chanoine. » Enfin, au « temps que durerait le strip-tease du pape (en heures, minutes et secondes) », sachant qu'il met 20 secondes pour « déboutonner un bouton » (*sic*) et qu'il en a 125 sur sa « robe » (re-*sic*) : « Nous l'imaginons nu sous sa robe », précise l'auteur. Un autre encore est consacré au calcul des « tarifs d'expédition des âmes au ciel ».

Cet ouvrage n'est pas un manuel scolaire, mais nombre d'instituteurs l'utilisent parce qu'il amuse, paraît-il, les enfants.

La délinquance primée

Azouz Begag habite Vaulx-en-Velin, où il enseignait dans un lycée technique. À la différence du charmant *Champ de personne* (Flammarion) de Daniel Picouly, enseignant lui aussi, qui a publié des souvenirs d'enfant métis de la banlieue parisienne sur un mode tendre et positif, il met en scène des « beurs » dépeints comme d'affreux loubards dans la banlieue lyonnaise, d'où le titre, *Le Gone du Chaâba* (collection « Virgule », au Seuil).

Ce livre a été sacré « meilleur roman pour la jeunesse » par un jury de 40 libraires spécialisés dans la littérature enfantine. Il est souvent utilisé dans les classes de 5e ou de 4e comme « livre de vie ».

Voici Moussaoui, qui lance à l'instituteur : «T'es rien qu'un pédé ! Je t'emmerde.» Puis qui ajoute : «Le directeur? Je le nique [...]. Tu sais où je me la mets, ton école?» Le jeune narrateur, écolier lui aussi, propose quant à lui à la petite Saïda, après avoir exhibé son «outil [...] sous toutes les coutures» : «Et si on s'enculait comme les grands?» «Moi aussi, j'veux enculer», hurle Hacène, un des écoliers âgé, comme les autres, de 10 ans. Ailleurs, on maquille un vélo volé : «Le vélo rouge devint noir. Propriété privée.» On lui met un cadenas : «Ça serait con de me le faire voler.»

On trouve également une scène montrant des gamins d'une dizaine d'années qui se lancent dans le proxénétisme. Rabah, Moustaf et leurs copains vont jeter des pierres sur des prostituées en affaire avec des clients (c'est l'occasion d'une évocation de cunilingus). L'une des filles vient à leur rencontre, dépoitraillée à tout-va («divine offrande»), ouvre son sac, tend un billet à Rabah : «Prends ça ! Maintenant vous nous laissez travailler ! D'accord?» Le garçon promet «à la pute compréhension et protection» : «Depuis, chaque jour, lorsque les dames-trottoirs viennent exercer du côté des baraques aux bougnouls, là où la police ne vient jamais, un *commando va encaisser l'impôt.* Mais seuls Rabah et Moustaf gèrent les finances.»

Les nouveaux modèles familiaux

Dans *Une page se tourne* de Jenny Davis (Castor poche, chez Flammarion), un enfant apprend que son père, qui vient de mourir (la rumeur insinue qu'il a été emporté des suites d'une blennoragie), trompait sa mère avec la meilleure amie de celle-ci. Tout finira par le remariage de la veuve. Ce livre des bibliothèques enfantines s'adresse à des enfants de 10 ans.

Dans *Des cornichons au chocolat* (Hachette poche jeunesse), Stéphanie découvre sa mère couchée avec un amant dans le lit conjugal. Furieuse, celle-ci se justifie en lançant : « Tu crois qu'il se gêne de son côté, ton père ? »

La famille « recomposée »

Alain Royer publie chez Hachette jeunesse poche *Les Sept Femmes de mon papa*, une « publication destinée à la jeunesse » que l'éditeur présente sur une page de garde comme lisible « à partir de 9 ans ».

Après la séparation de ses parents, Cléo choisit de vivre avec son père. Elle tolère difficilement les petites amies successives qui défilent dans le lit ex-conjugal, mais « il faut bien reprendre pied dans la réalité » : Cléo sympathise avec la septième jeune femme qu'elle découvre couchée avec son père, au point de lui apporter le petit déjeuner.

La propriété, c'est le vol

Dans $E = MC^2$ (Petit Point des connaissances au Seuil), à l'intention des élèves de cours moyen

2ᵉ année, le scientifique Albert Jacquard (qui s'est illustré dans les opérations de squat à Paris) explique tranquillement : « Avec la propriété est né le vol, la défense, le conflit, la guerre. L'affirmation "Il y a toujours eu des guerres" est donc très probablement fausse. Elle ne traduit la réalité que depuis dix mille ans. Pendant la plus grande partie de l'histoire humaine [...] on ne voit pas pourquoi il y aurait eu des guerres. »

Meurtre à l'école

Fil de fer la vie, de Jean-Noël Blanc, paru dans une collection pour enfants (« Page blanche », chez Gallimard), met en scène des enfants obsédés par l'idée de tuer : pour se venger de camarades, par exemple un « fils de gros richard » ou une petite fille qui, chez elle, n'est pas obligée de faire les courses, ou encore d'un professeur, ou tout simplement pour le plaisir. Au long de l'ouvrage apparaissent des passages de ce genre : « Je frapperai au plexus. Il paraît qu'en frappant à cet endroit, même pas très fort, pourvu que ce soit exactement à cet endroit, on peut tuer. Il ne se moquera plus de moi. »

Ou : « Électrocoagulation [...]. C'est un mot qui évoque des étranglements, des garrots et des tortures sombres. Il verrait assez bien une tentative d'électrocoagulation sur la personne de M. Riocreux. En pleine classe si possible. » M. Riocreux, c'est... le professeur.

Ou encore, après que le narrateur a attrapé un pigeon dans un jardin public : «J'avais un poids de moins sur les poumons et une grande vague qui me roulait dans le corps, une grande vague qui lavait tout sur son passage, et tu vois j'ai respiré comme jamais je n'avais respiré quand j'ai serré et que j'ai senti craquer quelque chose dans le corps du pigeon, tout un fourmillement de petits os qui craquaient [...] et je crois que c'était peut-être ça le bonheur.»

Le bébé, un gêneur à éliminer

Histoires grinçantes, un recueil de nouvelles de Tchekhov, est certes un ouvrage pour adultes, mais l'École des loisirs l'a réédité. Dans *La Tache verte*, une petite bonne ne parvient pas à endormir un enfant et le délire la gagne : «L'ennemi, c'est le bébé.» Elle est épuisée : «L'idée de se défaire du bébé qui l'enchaîne la chatouille agréablement : tuer l'enfant, puis dormir, dormir, dormir, dormir.» La jeune fille étouffe l'enfant et «rit de joie à l'idée de dormir».

La parution d'une telle nouvelle dans une collection destinée à des enfants est ahurissante.

La banalisation de la drogue

On la trouve dans le livre de Francine Pascal, au titre évocateur de *Mon premier amour et autres désastres*, publié par l'École des loisirs. Page 116, un

193

garçon « sort un joint de sa poche et l'allume ». Après avoir tiré dessus, il le passe à l'héroïne (si l'on ose écrire). Celle-ci explique : « Je ne suis pas une grande fumeuse d'herbe. D'abord, mes parents passent leur temps à me répéter que c'est absolument illégal et que si l'on vous pince, toutes sortes de trucs horribles peuvent vous arriver. Et ensuite je ne m'y fie pas [...]. Alors je ne prends aucun risque. J'avale le moins de fumée possible. »

On remarque que la seule mise en garde des parents n'est pas d'ordre sanitaire : il ne faut pas fumer, non pas parce que c'est nocif, mais parce que c'est illégal, avec tous les ennuis que cela suppose « si l'on est pincé ». Si la jeune fille ne se fie pas au haschich, ce n'est pas non plus à cause de sa nocivité, mais parce que, si « des fois je me sens relax, je plane [...] la plupart du temps [...] tout me donne le fou rire ». Pour elle, ne pas prendre de risque, ce n'est pas jeter le joint, c'est éviter d'avaler trop de fumée.

Cet ouvrage connaît un grand succès, avec plusieurs rééditions.

La normalisation du suicide

Le livre intitulé *Après la guerre des chocolats* de Robert Cormier, à l'École des loisirs (qui annonce dans son catalogue qu'il est lisible à partir de 12 ans), présente un jeune garçon aux pulsions suicidaires, dans un contexte morbide : une école religieuse où l'on rêve de tuer frère Léon et d'organiser un meurtre de camarade avec une vraie-fausse guillotine. Le jeune David prépare deux enveloppes en vue de son suicide, l'une contient une lettre pour ses parents, expliquant «pourquoi cet acte était devenu nécessaire», l'autre «une lame de rasoir en acier dont le tranchant mortel brilla dans le rayon oblique du soleil» : «Agréablement mortel. Son ami, son sauveur.»

Finalement, David se jette du haut d'un pont sur une voie ferrée, malgré un éclair de lucidité et un mouvement de recul alors qu'il est trop tard.

Description de la haine sociale

La lutte des classes est censée avoir été enterrée sous les décombres du mur de Berlin, mais certains auteurs ne s'y résignent pas. Ainsi Roald Dahl dans *Le Cygne*, publié (et réédité) par Folio junior (Gallimard) et également paru en roman complet dans le journal pour enfants *Piranha*. Deux cancres (les «héros positifs» du livre) vont tenter à deux reprises de tuer (en le ligotant sur une voie ferrée, puis en lui tirant dessus à la carabine) «leur ennemi juré», Peter Watson, âgé comme eux de 13 ans, qu'ils détestent «parce qu'il représentait pratiquement tout ce qu'ils n'étaient pas» : «brillant élève, calme, poli [...]. Et son père ne conduisait pas un camion et ne travaillait pas en usine, mais à la banque.»

Incitation à la haine politique

C'est dès leur prime enfance qu'il faut préparer les futurs électeurs à reconnaître l'adversaire. L'illustrateur Philippe Munch s'en charge, associé à l'écrivain Kim Aldany pour réaliser un livre de science-fiction chez Nathan, *Les Mange-Forêts* (collection « Pleine Lune »). En fin de volume, un petit questionnaire permet de dresser un profil psychologique des auteurs. On demande notamment à Munch ce qu'il « hait » particulièrement. Réponse : « Le lait, Philippe de Villiers, les choux de Bruxelles. »

L'ouvrage est destiné, comme le précise la quatrième de couverture, à des enfants « de 8 à 12 ans ».

Bonne préparation aux Guignols, non ?

L'inversion des valeurs

Dans *L'École qui n'existait pas* (collection « Pleine Lune », Nathan), destinée aux 8-12 ans, Gudule et Christophe Durual mettent en scène une fillette insupportable placée en pension au milieu d'enfants parfaits qui, comme par hasard, sont représentés par des robots. Tant dans l'illustration que dans le texte, l'image du père est caricaturale : « Papa fronce les sourcils [en découvrant le carnet de notes où sa fille totalise les "nul"]. Quand il fait cette tête-là, on dirait un crapaud. Depuis que maman est partie avec un autre mec, ça lui arrive souvent [...]. S'il se met-

196

tait à coasser, Mickette n'en serait pas autrement étonnée.»

Plus loin, la petite Mickette en question enrage en découvrant sa pension : « Ras le bol des filles rétro [...] qui ne font jamais de bêtises, qui ne vont pas aux chiottes [...]. Marre, marre de cette école truquée où tout fonctionne à l'envers.» Suit une définition édifiante du système scolaire à partir d'une interrogation de la petite fille. « Si quelqu'un avait vidé la caboche des élèves de tout ce qu'elle contient normalement, des pieds de nez, des insolences, des fous rires, pour y mettre à la place des vertus ennuyeuses, docilité, sagesse, politesse ? »

On habitue les enfants à l'inversion de la norme, au renversement des valeurs. Selon le filigrane de ce livre, le système scolaire décervelle les élèves en quelque sorte. C'est le monde à l'envers.

La culture du squat

Dans *Clandestine* (Hachette jeunesse, collection «Aventure humaine»), Helmut Sakowski relate notamment les aventures d'une petite Kurde menacée d'expulsion. La *débrouille* est de mise : « Il m'en a fallu de l'argent, raconte un enfant. Heureusement, je n'ai pas trop de problèmes de ce côté-là : ça ne marche pas très fort entre ma mère et son nouveau jules, si bien que chacun me glisse régulièrement un petit billet pour que je me range de son côté. »

Plus loin : « J'ai réussi à sécher presque tous les cours. [...] Ma mère et son type étaient tellement occupés à se bécoter qu'ils ne se sont aperçus de rien. » Ou encore : « Je ne vais pas à l'école. — Pas possible, me suis-je écrié. C'est super ! »

Sans parler du pasteur qui hurle : « Bordel de merde ! Foutez le camp ! Vous voulez [...] mon poing dans la gueule ? »

TABLE

populaire, 104. Ministère de l'Intégration, 105. Ministère de la Solidarité entre les générations, 105. M.P.F., 105. Parlement, 106. Partis, 106. Référendum, 107. Religion, 107. Sommet, 108. S.O.S. Racisme, 108.

Media 111

« Bas les masques », 111. Communication, 112. Complicité, 112. C.S.A., 112. Dialogue, 113. Fondation Saint-Simon, 113. Geste de solidarité, 114. Guignolisation, 114. « Haine (La) », 115. Peur, 116. « Pocahontas », 116. Redevance audiovisuelle, 118. Trottoir, 118. Veyron (Martin), 118. Vicomte, 119.

Politique 121

Alternance, 121. Aménagement du territoire, 121, Antiraciste, 121. Argent sale, 122. Autorité, 123. Binationalité, 124. Catholique, 124. Cercle Vauban, 124. Chasse aux sorcières, 125. Chevènement (Jean-Pierre), 125. Chrétien, 125. Cohabitation, 126. Collégialité, 126. Communisme, 127. Consensus, 128. Corruption, 129. Cosmopolite, 130. Démocratie, 131. Dérives, 131. Droite, 132. Écologiste, 132. Fasciste, 132. Financement de la vie politique, 132. France (la), 134. « France » (le), 134. Franchouillard, 134. Gauche, 135. Individualisme, 135. Lang (Jack), 136. Majorité, 136. Mitterrand (François), 136. Mondialisme, 137. Nation, 138. Négationnisme, 138. Nominations, 140. Ordre du jour, 141. Ordre expert, 141. Ordre moral, 143. Patriote, 143. Pensée unique, 143. Politique, 143. Populiste, 144. Post-national, 145. Privilège, 145. Promesses, 146. Réforme,

DU MÊME AUTEUR

aux éditions Albin Michel

*Lettre ouverte aux coupeurs de têtes
et aux menteurs du Bicentenaire*
1989

La Chienne qui miaule
1990

Notre Europe sans Maastricht
1992

Avant qu'il ne soit trop tard
1993

La Société de connivence
1994

La composition de cet ouvrage
a été réalisée par I.G.S.-CP à l'Isle-d'Espagnac,
l'impression et le brochage ont été effectués
sur presse CAMERON
dans les ateliers de Bussière Camedan Imprimeries,
à Saint-Amand-Montrond (Cher),
pour le compte des Éditions Albin Michel.

Achevé d'imprimer en mars 1996.
N° d'édition : 15425. N° d'impression : 4/196.
Dépôt légal : mars 1996.